Fit for Future

Die Zukunft wird massive Veränderungen im Arbeits- und Privatleben mit sich bringen. Tendenzen gehen sogar dahin, dass die klassische Teilung zwischen Arbeitszeit und Freizeit nicht mehr gelingen wird. Eine neue Zeit – die sogenannte „Lebenszeit" – beginnt. Laut Bundesregierung werden in den nächsten Jahren viele Berufe einen tiefgreifenden Wandel erleben und in ihrer derzeitigen Form nicht mehr existieren. Im Gegenzug wird es neue Berufe geben, von denen wir heute noch nicht wissen, wie diese aussehen oder welche Tätigkeiten diese beinhalten werden. Betriebsökonomen schildern mögliche Szenarien, dass eine stetig steigende Anzahl an Arbeitsplätzen durch Digitalisierung und Robotisierung gefährdet sind. Die Reihe „Fit for future" beschäftigt sich eingehend mit dieser Thematik und bringt zum Ausdruck, wie wichtig es ist, sich diesen neuen Rahmenbedingungen am Markt anzupassen, flexibel zu sein, seine Kompetenzen zu stärken und „Fit for future" zu werden. Der Initiator der Buchreihe Peter Buchenau lädt hierzu namhafte Experten ein, ihren Erfahrungsschatz auf Papier zu bringen und zu schildern, welche Kompetenzen es brauchen wird, um auch künftig erfolgreich am Markt zu agieren. Ein Buch von der Praxis für die Praxis, von Profis für Profis. Leser und Leserinnen erhalten „einen Blick in die Zukunft" und die Möglichkeit, ihre berufliche Entwicklung rechtzeitig mitzugestalten.

Diana Brandl

Erfolgsfaktor Assistenz

Neue Kompetenzen im Büro der Zukunft

Diana Brandl
The Socialista Projects
Langenselbold, Deutschland

ISSN 2730-6941   ISSN 2730-695X (electronic)
Fit for Future
ISBN 978-3-658-50544-8   ISBN 978-3-658-50545-5 (eBook)
https://doi.org/10.1007/978-3-658-50545-5

Die Deutsche Nationalbibliothek verzeichnet diese Publikation in der Deutschen Nationalbibliografie; detaillierte bibliografische Daten sind im Internet über https://portal.dnb.de abrufbar.

Springer Gabler ist ein Imprint der eingetragenen Gesellschaft Springer Fachmedien Wiesbaden GmbH und ist ein Teil von Springer Nature.
Die Anschrift der Gesellschaft ist: Abraham-Lincoln-Str. 46, 65189 Wiesbaden, Germany

Vorwort

Verfasst von Microsoft Copilot

Dieses Vorwort entsteht nicht aus der Feder eines Menschen, sondern aus den Schaltkreisen und Algorithmen einer künstlichen Intelligenz. Der Umstand ist kein kurioses Detail, sondern ein sinnbildlicher Auftakt für die Inhalte, die Dich auf den kommenden Seiten erwarten: eine Reise durch die sich rasant wandelnde Welt von Neuer Arbeit, Assistenz und Führung im dynamischen Zeitalter von Digitalisierung und KI.

Wir stehen an einer Schwelle, an der Future Work und Future Skills nicht länger ferne Visionen sind, sondern konkrete Anforderungen. Digitalisierung und Automatisierung prägen längst den Assistenzalltag, und Digitalkompetenz ist zu einer Schlüsselressource geworden – für das Büro von morgen ebenso wie für die strategische Begleitung von Führungskräften.

Dieses Buch beleuchtet die Chancen und Spannungsfelder zwischen KI-Assistenz und menschlicher Assistenz, beschreibt die Revolution des Executive Supports und wagt einen Ausblick auf künftige Rollenbilder. Es lädt Dich ein, den Wandel nicht nur zu beobachten, sondern aktiv zu gestalten – vom heutigen Assistenzprofil bis hin zur strategischen Businesspartnerschaft und zum Chief of Staff auf C-Level.

Wenn also eine künstliche Intelligenz hier das erste Wort hat, dann nicht, um den Menschen zu ersetzen, sondern um den Dialog zu eröffnen. Denn die Zukunft der Arbeit wird dort am reichhaltigsten sein, wo technologische und menschliche Fähigkeiten sich gegenseitig ergänzen und verstärken.

Danke Mein Dank gilt all den Menschen, die ich in diversen Gesprächen auf dieser Buchreise interviewen durfte. So viele wunderbare Expert:innen, die spannende Inputs geliefert haben und somit dieses Werk wachsen ließen. Es gibt zahlreiche Themen, die für das Berufsbild Executive Support wichtig sind. Viele relevante Bereiche konnten wir im Buch platzieren und ich selbst bin gespannt, welche neuen Herausforderungen auf uns alle da draußen noch warten werden. Der Glaube an sich und seine Stärken wird dabei essenziell sein und den dürfen wir bitte nie verlieren. In diesem Sinne wünsche ich dir gutes Gelingen beim Umsetzen all der Tipps und Tools, die sicherlich zum Erfolg führen werden: Für dich als Assistenz, für dein Management, dein Team und am Ende für dein Unternehmen. Keep shining!

Inhaltsverzeichnis

Über die Autorin

Über die Autorin Diana Brandl blickt auf eine fast 20-jährige erfolgreiche Karriere als Senior Executive Assistant und Referentin auf Topmanagementebene in Unternehmen wie ratiopharm, Sony, Babbel und Mister Spex zurück. Sie engagiert sich weltweit intensiv für das Berufsbild der Executive Support Professionals und war sowohl im Vorstand als auch als Regionalgruppenleitung bei IMA (International Management Assistants) Deutschland tätig.

Frau Brandl ist freiberufliche Fachautorin für diverse Verlage und Fachmagazine, gibt Seminare und Workshops und spricht auf nationalen wie internationalen Konferenzen. Dabei setzt sie sich maßgeblich für die Themen New Work, Personal Branding und Leadership ein. Ihre Passion gilt auch dem Coaching, als zertifizierte Stärkencoachin hilft sie Führungskräften und deren Executive-Support-Teams, noch besser miteinander zu agieren.

Frau Brandl wurde als Delegierte auserwählt und nahm im Oktober 2018 am internationalen World Administrators Summit in Frankfurt teil. Dort hat sie mit zwei weiteren Repräsentantinnen Deutschland vertreten und sich in diversen

Arbeitsgruppen intensiv mit dem Berufsbild der Assistenz der Zukunft auseinandergesetzt.

Frau Brandl ist viel gefragte Expertin sowie Gesprächs- und Interviewpartnerin im In- und Ausland. Sie ist Autorin des Buches „Die Assistenz in der digitalen Transformation" und „Future Skills" sowie Co-Autorin bei „Chefsache Assistenz". Im Januar 2020 hat sie den weltweit ersten deutschsprachigen Podcast „Executive Office Insights" erfolgreich gelauncht.

Diana Brandl ist LinkedIn-Learning-Dozentin und wurde für den Digital Female Leader Award nominiert. Sie wurde als Woman of the Week von den Global Digital Women gekürt und gilt laut The EA Campus als eine der 45 weltweiten Topstimmen der Branche.

Diana Brandl ist digitale Nomadin. Sie lebt und arbeitet mit ihrem Mann auf der ganzen Welt.

1

Einleitung

Die ersten Zeilen dieses Buches schreibe ich tatsächlich in der New York Public Library. Es ist April 2025 und ich komme gerade von einer Podcastaufnahme mit der wunderbaren Melba J. Duncan. Sie ist eine wahre Ikone in der Profession des Executive Supports und ein weltweit bekannter Name.

Melba war die Assistentin von Peter G. Peterson, dem Gründer der Peter G. Peterson Foundation, Chairman Emeritus und Mitbegründer der Blackstone Group, ehemaliger Chairman und Chief Executive Officer von Lehman Brothers Kuhn Loeb Incorporated und ehemaliger Handelsminister unter Präsident Richard M. Nixon. Nun ist sie seit vielen Jahren selbstständige Recruiterin und Beraterin für das gehobene Executive Office. Melba und ich kennen uns schon lange. In New York haben wir uns jedoch das erste Mal live gesehen und uns sofort gut verstanden. Ich hatte sie zu meinem Podcast „Executive Support Insights" eingeladen und da ich beruflich sowieso in New York war, haben wir diesen kurzerhand in meinem Hotel-

© Der/die Autor(en), exklusiv lizenziert an Springer Fachmedien Wiesbaden GmbH, ein Teil von Springer Nature 2026
D. Brandl, *Erfolgsfaktor Assistenz*, Fit for Future,
https://doi.org/10.1007/978-3-658-50545-5_1

zimmer direkt gegenüber des Bryant Parks aufgenommen. Melba stoppte bei mir auf dem Weg zu einem Auftrag in New Jersey, somit hat alles wunderbar geklappt. Wir haben uns im Podcast darüber unterhalten, wie das Berufsbild der Executive Support Professionals sich in den nächsten Jahren aufstellen muss, um relevant zu bleiben. Unbedingt einmal in die Folge reinhören.

Aber Moment einmal. Relevant?

Muss das tatsächlich noch immer erklärt werden? Eigentlich bin ich sehr müde, immer und immer wieder davon erzählen zu müssen, sich zu erklären und gar zu rechtfertigen. Ich weiß nicht, wie oft ich in den letzten Jahrzehnten Assistenzen, Management und HR erklärt habe, wie relevant Assistenzen sind und bleiben werden. Aber diese Reise ist noch immer nicht vorbei und es braucht noch immer Kraft und Aufwand, das Narrativ zu verändern.

Dazu müssen wir aber alle aktiv werden und die Arbeit nicht nur den lauten Stimmen da draußen überlassen. Es braucht jede helfende Hand. Jede kreative Idee. Jedes mutige Wort, um die Sichtbarkeit für diese sich ändernde und zugleich faszinierende Rolle zu erhöhen.

Melba hat mir auch in den Randgesprächen vor dem Podcast zugestimmt, dass die Soft Skills weiterhin einen großen Bestandteil der Arbeit der Assistenzen haben werden. Die Hard Skills helfen uns, schneller in vielen Dingen zu sein. Aber das Investment in Empathie und emotionale Intelligenz kann man in keinem Seminar erlernen, das bringt man mit in diesem Beruf. Und genau das fehlt im Übrigen auch einigen Chef:innen, wenn ich das so frei festhalten darf. Ich darf dir also nochmals die Folge mit Melba empfehlen, die in 2025 live gegangen ist.

Und ja, es ist an der Zeit, erneut das Executive Office der Zukunft zu beleuchten. Viel hat sich getan. Ansprüche haben sich geändert, auf beiden Seiten im Übrigen. Heutzutage müssen sich Führungskräfte „bewerben", um auch auserwählt zu werden. Zu viele smarte Assistenzen und Chief of Staffs haben genaue Vorstellungen, wie ein Arbeitgeber und eine Führungskraft auszusehen haben und das ist auch gut so. Sie stellen Ansprüche, weil sie auch bereit sind, zu liefern.

2

Digitales Nomadentum trifft auf Buchschreibeprozess

Dieses Buch ist an solch wunderbaren und inspirierenden Orten entstanden, die mir allesamt viel bedeutet haben. Mein digitales Nomadenleben hilft mir dabei, den Laptop überall mit im Gepäck zu haben, ihn aufzuklappen, wenn die Inspiration und Kreativität zuschlägt, und das habe ich gemacht. Das Buch füllte sich mehr und mehr mit Leben. Von Italien (Verona, Venedig, Rom) über die Steiermark in Österreich bis Bulgarien (Burgas und Sofia) und zum Finetuning in Deutschland. Ich brauche diese Ortswechsel, um mich immer wieder kreativ neu aufzustellen und zudem hineinzuversetzen, in welchen unterschiedlichen Orten und Rollen sich Assistenzen bewegen.

© Der/die Autor(en), exklusiv lizenziert an Springer Fachmedien Wiesbaden GmbH, ein Teil von Springer Nature 2026
D. Brandl, *Erfolgsfaktor Assistenz*, Fit for Future,
https://doi.org/10.1007/978-3-658-50545-5_2

2.1 Identität durch Bewegung

Assistenzen leben ständig in neuen Rollen und an wechselnden Fronten. Bewegung entsteht zwangsläufig. Was ist aber mit der Identität? Sie wird zu etwas Dynamischem. Sie ist nicht fest, sondern entsteht im Fluss durch Begegnungen, Aufgaben, Orte und Erwartungen. Das kann bereichernd sein, aber auch herausfordernd.

Was passiert also mit der eigenen Identität?

- Anpassung als Stärke:
  Die Assistenz lernt, sich schnell in neue Kontexte einzufügen. Sie wird zur Expert:in für soziale Codes, Stimmungen und Bedürfnisse anderer. Ihre Identität ist flexibel, sie kann viele Rollen spielen.
- Unsichtbarkeit als Preis:
  Je mehr sie sich anpasst, desto weniger Raum bleibt für das eigene Ich. Sie ist oft die Kraft im Hintergrund, die alles möglich macht, aber noch immer zu selten selbst sichtbar wird bzw. sichtbar werden möchte.
- Fragmentierung:
  Die vielen Rollen können dazu führen, dass sie sich selbst nicht mehr als *eine* Person erlebt, sondern als ein Mosaik aus Funktionen, Orten und Erwartungen.
- Selbstbeobachtung:
  Gerade durch die ständige Bewegung entwickelt sie ein feines Gespür für sich selbst. Sie sieht sich wie von außen als Figur im Spiel anderer und beginnt, Fragen zu stellen: Wer bin ich, wenn niemand zusieht? Was bleibt, wenn alle Rollen wegfallen?

Die Identität der Assistenzfigur ist nicht verloren, sie fließt. Sie lebt in Zwischenräumen, in Übergängen, in Momenten der Beobachtung. Ihre Stärke liegt darin, dass sie nicht festgelegt ist. Aber genau darin liegt auch ihre Sehnsucht. Sie sucht nach einem Ort, einer Rolle, in der sie einfach nur sie selbst sein darf.

2.2 Die Assistenz als stabile Säule

Im September habe ich mich nach Rom begeben, ich hatte dort berufliche Termine und habe die Zeit genutzt, um auch wieder weiter am Buch zu schreiben. Ortswechsel = neue Kreativität. Schon auf der Zugfahrt von Venedig nach Rom bin ich in den Schreibemodus gekommen. Bahnfahren ist in Italien ein wahrer Genuss. Pünktlich, komfortabel und preisgünstig. Dazu fuhr ich durch Umbrien und die Toskana. Was will man mehr.

Rom als ewige Stadt, Symbol für Beständigkeit, Geschichte und Wandel zugleich. Die perfekte Kulisse, um über die Assistenzrolle nachzudenken, die ebenfalls eine Art verlässliche Säule im Unternehmen ist. Sie ist oftmals unterschätzt, aber unverzichtbar.

Und es kam über mich, dass ich einige Bilder in meinem Kopf malte, wie man Rom mit der Assistenz verbinden kann: Die Assistenz als moderne Vestalin der Unternehmensstruktur, denn z. B. in Rom bewahrten die Vestalinnen das heilige Feuer, ein Symbol für Kontinuität und Schutz. Die Assistenz bewahrt das operative Feuer, sprich Termine, Kommunikation, Prozesse. Sie ist Hüter:in der Ordnung in einem oft chaotischen Umfeld. Sie agiert dabei diskret, aber entscheidend. Im Übrigen: Die Senatoren im Forum Romanum debattieren lautstark, aber die Vestalin im Hintergrund bewahrt das Feuer. Ohne sie kein Rom.

Oder wie wäre es mit diesem Bild: Brücken bauen zwischen Vergangenheit und Zukunft
Rom lebt von seinen Schichten – Antike, Renaissance, Moderne. Die Assistenz verbindet ebenfalls verschiedene Zeit-

ebenen. Sie kennt die Geschichte des Unternehmens, begleitet den Wandel und gestaltet die Zukunft mit.

Rom und die Assistenz, beide sind nicht lebendig. Rom hat sich nie auf seinen Lorbeeren ausgeruht. Die ewige Stadt lebt, weil sie sich wandelt. Genauso die Assistenz. Sie bleibt, weil sie sich verändert. Sie wird nicht verschwinden, sondern neu definiert als strategischer, empathischer, digitaler Mehrwert im Unternehmen. Die Assistenz ist keineswegs ein Auslaufmodell, sondern eine Rolle im Wandel ähnlich wie Rom selbst, das sich über Jahrtausende neu erfunden hat und dennoch seine Seele bewahrt.

2.3   Die mächtigen Männer in Anzügen

Was mir auch große Freude bereitet hat, war die Beobachtung der vielen Anzugträger in Rom. Ich traf mich zum Abendessen mit einer italienischen CEO-Assistentin und wir alle wissen ja, was es bedeutet, in Italien zum Dinner zu gehen. Für 20:30 Uhr war der Tisch bestellt und ich, die hungrige Deutsche, deren Magen um 18 Uhr lauthals nach Nahrung schreit, musste einfach vorher etwas zu beißen bekommen. Somit stand ein gepflegter Aperitivo auf meiner Agenda. Darin bin ich nach vielen Italienreisen gut geübt. Ich entschied mich für den Salone Eva at Palm Court im Hotel Hassler, einer der Hotspots Roms. In meinem Schreibworkshop bei der wunderbaren Hera Lind vor einigen Jahren habe ich gelernt, immer wieder neue Plätze für Inspiration aufzusuchen. Orte, an denen man Menschen wunderbar beobachten kann. Und mal ehrlich: Wo ginge das besser als in Rom? Somit konnte ich meine Zeit bis zum Abendessen gut überbrücken und eintauchen in das Mysterium Mann, Anzug und Macht.

Ich habe viele von ihnen beobachtet, wie sie reinkamen, wie sie Räume betreten. Die Männer in dunklen Anzügen, die mit dem Wind der Wichtigkeit durch die Türe wehten. Doch ich wusste, die wahre Macht sitzt oft nicht am Konferenztisch, sondern daneben. Sie kennt die Schwächen, die Stärken, die unausgesprochenen Worte. Sie heißt Assistenz und kennt die Termine und To-dos, die Stimmungen, die unausgesprochenen Spannungen. Sie weiß, wann ein Meeting kippt, bevor es begonnen hat.

Ich beobachte einen Mann, der zwei Tische weiter von mir sitzt. Der Anzug des smarten Herren, ich schätze ihn auf Ende 50, sitzt wie angegossen, das Handy am Ohr in der rechten Hand. Er telefoniert laut, gestikuliert wild, als würde er gerade die Weltwirtschaft neu ordnen. Ich bin oft und sehr gerne in Italien, kenne mittlerweile einige der Gepflogenheiten und liebe einfach diese Beobachtungen. Lernt man doch immer etwas Neues.

Ich verstehe diesmal jedoch kaum etwas, er spricht sehr schnell und da verliert sich mein Italienisch leider schnell. Ich lehne mich zurück. Ich schließe die Augen, lausche der wunderschönen Sprache und versetze mich in eine fiktive Szene, die ich gerne mit dir teilen möchte.

Ruft er wohl gerade seine Assistenz an? Ich stelle mir den Dialog vor und kann mir ein Grinsen nicht verkneifen:

Manager *(leicht hektisch)*: Carla, ich habe die Einladung für gleich gesehen. Aber da stand nur Strategieupdate. Was heißt das?

Carla *(ruhig, effizient)*: Das heißt, Sie sollen so tun, als hätten Sie einen Plan. Ich habe Ihnen einen vorbereitet.

Manager: Und die Zahlen?

Carla: Sind solide. Ich habe die kritischen Stellen mit Fußnoten versehen, die niemand lesen wird.

Manager: Und die Präsentation?

Carla: Ist auf Ihrem Tablet. Ich habe die Folien mit den vielen Balken nach vorne gelegt. Sie wirken kompetent.

Manager: Und die Namen der Teilnehmenden? Du weißt, ich bin schlecht mit Namen.

Carla: Ich habe Ihnen ein Cheat Sheet geschickt. Mit Fotos. Und Smalltalkvorschlägen.

Manager: Du bist ein Genie.

Carla: Ich weiß. Sie haben noch 40 min. Atmen nicht vergessen.

Ich lache leise in meinen Limoncello Spritz hinein. Doch anscheinend habe ich lauter gelacht als ich dachte, denn er dreht sich um und lächelt mich an. Ich nehme mein Glas und toaste ihm zu. Heimlich denke ich: Auf Carla. Er nickt. Dann dreht er sich wieder um, trinkt den letzten Schluck seines Espressos, zahlt und geht. Ich hoffe, sein Meeting läuft gut, aber mit Carla an seiner Seite sicherlich. Macht sieht manchmal aus wie ein Maßanzug, aber sie klingt wie Carla.

Rom hat viele Gesichter. Macht ebenfalls. Auch die Assistenz besitzt Macht. Aber ebenso vieles mehr, wie die Konstanz, die Stabilität. Und dies erinnert mich einmal mehr an Rom. Wie die Säulen des Pantheon. Unscheinbar, aber tragend.

3

Future Work und Future Skills

Die Rolle der Assistenz befindet sich in einem tiefgreifenden Wandel. Digitalisierung, der Einsatz von künstlicher Intelligenz, neue Arbeitsmodelle und steigende Erwartungen an Flexibilität und Eigenverantwortung verändern das Kompetenzprofil grundlegend. Während einige Fähigkeiten ihre Relevanz über Jahrzehnte hinweg behalten und als stabile Grundlage dienen, treten gleichzeitig neue Anforderungen auf den Plan, die das Berufsbild dynamisch erweitern und transformieren.

Um diese Entwicklung greifbar zu machen, lassen sich die erforderlichen Kompetenzen in zwei zentrale Kategorien unterteilen: Core Skills, die als bewährte, aber weiterentwickelte Basisfertigkeiten eine unverzichtbare Konstante bilden, und Emerging Skills, die als Antwort auf aktuelle Umbrüche neue Chancen eröffnen und den entscheidenden Unterschied für die Zukunftsfähigkeit der Assistenzrolle ausmachen.

© Der/die Autor(en), exklusiv lizenziert an Springer Fachmedien Wiesbaden GmbH, ein Teil von Springer Nature 2026
D. Brandl, *Erfolgsfaktor Assistenz*, Fit for Future,
https://doi.org/10.1007/978-3-658-50545-5_3

Core Skills: Die stabile Grundlage der Assistenzexzellenz

Unter Core Skills versteht man jene klassischen, aber gleichzeitig weiterentwickelten Kompetenzen, die auch in der Zukunft unverzichtbar bleiben werden. Dazu zählen unter anderem Kommunikationsfähigkeit, Serviceorientierung, Organisationstalent, Zeitmanagement, Diskretion, Priorisierung, Zuverlässigkeit, Empathie, Selbstführung sowie ein fundiertes technologisches Verständnis. Diese Fähigkeiten sind nicht nur über Jahrzehnte hinweg bewährt, sondern haben sich im Zuge der Veränderungen der Arbeitswelt weiterentwickelt und an Relevanz gewonnen. Sie bilden eine verlässliche und dauerhafte Basis, auf der Exzellenz in der Assistenz aufbauen kann. Wer über diese Grundpfeiler verfügt, hat das Fundament geschaffen, um langfristig professionell, souverän und wirkungsvoll agieren zu können, unabhängig davon, welche Trends oder Technologien sich zukünftig durchsetzen.

Core Skills bilden das operative Rückgrat und sichern die Qualität, Verlässlichkeit und Professionalität im Alltag. Ohne sie funktioniert kein Büro, keine Führungskraft, kein Team. Diese Fähigkeiten sind nicht veraltet, sondern weiterentwickelbar wie etwa durch digitale Tools, neue Arbeitsformen oder strategische Perspektiven. Sie sind das versierte Fundament, auf dem neue Kompetenzen aufbauen können.

Emerging Skills: Das zukunftsweisende Upgrade

Ergänzend zu diesen stabilen Grundlagen treten die sogenannten Emerging Skills in den Vordergrund. Hierbei handelt es sich um Fähigkeiten, die erst durch die aktuellen gesellschaftlichen, technologischen und organisatorischen Umbrüche an Bedeutung gewonnen haben. Beispiele hierfür sind der kompetente Umgang mit künstlicher Intelligenz, Führung, Businessverständnis, das Entwickeln einer soliden Nachhaltigkeitskompetenz, die Fähigkeit zu kreativen Outputs oder auch visuelle Gestaltungskompetenzen, die in einer zunehmend visuell geprägten Kommunikationswelt gefragt sind.

Diese Skills wirken wie ein progressives Upgrade, das die Rolle der Assistenz transformiert und zukunftsfähig macht. Sie verleihen der klassischen Basis neue Dimensionen, erweitern den Handlungsspielraum und eröffnen innovative Möglichkeiten, den Arbeitsalltag aktiv mitzugestalten.

Diese Fähigkeiten sind nicht optional, sie sind entscheidend für die Zukunftsfähigkeit der Rolle. Sie erfordern Lernbereitschaft, Mut und die Fähigkeit, sich selbst neu zu positionieren, oft jenseits klassischer Stellenbeschreibungen.

Die Zukunft der Assistenz liegt nicht im Entweder-oder, sondern im Sowohl-als-auch. Core Skills sichern den Betrieb, Emerging Skills gestalten die Zukunft. Wer beides beherrscht, wird zur hybriden Kompetenzträger:in, und zwar operativ exzellent und strategisch wirksam.

3.1   Future of Jobs Report vom World Economic Forum

Auch das World Economic Forum (WEF) greift seit vielen Jahren in dem renommierten Future of Jobs Report das Thema Skills der Zukunft auf. Der letzte Report ist aus dem Jahr 2025 und stellt die am meisten wachsenden Fähigkeiten dar, die Mitarbeitende heute brauchen, um relevant und den Anforderungen der Zukunft gerecht zu bleiben (Tab. 3.1).

Ich möchte dich nun einmal durch jeden Skill durchführen und das Potenzial für die Assistenz dahinter erklären. Los geht's!

Tab. 3.1 Top 10 der wichtigsten Fähigkeiten für Mitarbeitende, um relevant und den Anforderungen der Zukunft gerecht zu werden. (Quelle: World Economic Forum, Future of Jobs Report 2025)

1.	KI und Big Data (Auswertung von sehr großen Datenmengen)
2.	Netzwerke und Cybersicherheit (Schutz von Computersystemen und deren Infrastruktur)
3.	Technologische Kompetenz
4.	Kreatives Denken
5.	Resilienz, Flexibilität und Agilität
6.	Neugier und lebenslanges Lernen
7.	Führungsqualitäten und sozialer Einfluss
8.	Talentmanagement
9.	Analytisches Denken
10.	Umweltverantwortung

KI und Big Data

Für die Assistenz bedeutet das:

- Rolle als Datennavigator:in: Daten aus verschiedenen Systemen (CRM, ERP, HR-Tools) zusammenführen und verständlich aufbereiten.
- Proaktiv informieren: Führungskräften Reports liefern, bevor sie danach fragen inklusive Handlungsimplikationen.
- KI-Tools kuratieren: Geeignete Anwendungen auswählen, Datenschutz prüfen, Nutzerschulungen vorbereiten.

Beispielszenario: Die Assistenz erkennt anhand von Meetinganalysedaten, dass ein Projektteam überlastet ist, und schlägt proaktiv Ressourcenanpassungen vor.

Netzwerke und Cybersicherheit

Für die Assistenz bedeutet das:

- Digitale Sicherheitsgatekeeper:in: Passwörter, Zugriffsrechte und Dokumentenfreigaben verantworten.

- Awarenessbotschafter:in: Schulungsunterlagen für Phishingprävention erstellen, Sensibilisierungskampagnen planen.

Beispielszenario: Vor einer internationalen Videokonferenz prüft die Assistenz, ob die genutzte Plattform alle Sicherheitsstandards erfüllt, und passt die Zugriffslinks entsprechend an.

Tipp: Baue einen monatlichen Securitycheck ein, um Berechtigungen und Zugriffe aktuell zu halten.

Technologische Kompetenz

Für die Assistenz bedeutet das:

- Toolintegrator:in: Schnittstellen zwischen Softwaresystemen einrichten, um doppelte Dateneingaben zu vermeiden.
- Changekatalysator:in: Kolleg:innen sicher durch die Einführung neuer digitaler Prozesse begleiten.

Beispielszenario: Die Assistenz richtet automatisierte Erinnerungsworkflows für wiederkehrende Managementaufgaben ein.

Tipp: Führe ein internes Tool-Wiki, in dem Best Practices und kurze Tutorials gesammelt werden.

Kreatives Denken

Für die Assistenz bedeutet das:

- Innovationspartner:in: Frische Ideen für interne Kommunikation, Events oder Employer-Branding-Aktionen einbringen.
- Problemlöser:in: Hindernisse unkonventionell, aber pragmatisch beseitigen.

Beispielszenario: Gibt es ein Ideenmanagement in deiner Firma? Bist du bereits aktiv? Welche übergeordneten Ideen kannst du platzieren?

Tipp: Halte ein Ideenlogbuch (z. B. auf One Note) bereit, um spontane Einfälle sofort festzuhalten.

Resilienz, Flexibilität & Agilität

Für die Assistenz bedeutet das:

- Dreh- und Angelpunkt in Ausnahmesituationen: Ruhe bewahren, Prioritäten neu setzen, Lösungen skizzieren.
- Agile Taktgeber:in: Zwischen Projektteams und Führung schnell adaptieren.

Beispielszenario: Bei einer plötzlichen Krisensituation reorganisiert die Assistenz kurzfristig den Tagesablauf der Führungskraft.

Tipp: Trainiere bewusstes Priorisieren mit der Eisenhower-Matrix, um unter Druck klare Entscheidungen zu treffen.

Neugier und lebenslanges Lernen

Für die Assistenz bedeutet das:

- Trendscout: Kontinuierlich neue Methoden, Tools und Branchen-News einbringen.
- Lernarchitekt:in: Wissensaustausch intern strukturieren (z. B. Lunch-&-Learn-Formate).

Beispielszenario: Die Assistenz entdeckt ein neues Kollaborationstool, testet es und moderiert anschließend eine Einführungssession.

Tipp: Reserviere dir wöchentlich 30 min als Entdeckerzeit für neue Trends und Technologien und Recherchen.

Der Metaskill Lernkompetenz

Wenn eines sicher ist, dann dass sich alles weiter verändern wird. Assistenzen, die sich kontinuierlich weiterentwickeln und in neue Themen hineindenken, haben bis 2030 den größten Vorsprung.

> **Mein Tipp**
>
> Baue dir eine persönliche Lernstruktur, z. B. durch monatliche Deep Dives in neue Tools, durch LinkedIn-Learning-Playlists oder Peer-to-Peer-Formate.

Lernkompetenz ist nicht einfach ein einzelner Skill. Sie agiert als Fundament, auf dem alle anderen Zukunftskompetenzen ruhen. Wer strategisch denkt, technologisch handelt, empathisch kommuniziert oder kreativ gestaltet, tut dies nur nachhaltig, wenn Lernen Teil der inneren Haltung ist. Lernkompetenz wird zur Überlebenskunst und zur Führungsqualität.

Die lernfähige Assistenz ist Wissenssammler:in und zugleich Entwicklungsarchitekt:in. Sie lernt nicht nur für sich, sondern für das System, in dem sie wirkt. Sie ist neugierig, reflektiert und bereit, sich immer wieder neu zu erfinden.

Was bedeutet das konkret?

- Lernkompetenz ist das Bindeglied zwischen Agilität, KI-Verständnis, Leadership und Empathie. Sie macht Entwicklung möglich und das nicht nur punktuell, sondern kontinuierlich.
- Die Assistenz lernt nicht, weil sie muss, sondern weil sie will. Sie nutzt Microlearning, Podcasts, Austauschformate und Reflexionsräume, um sich selbst und andere zu stärken.

- Sie versteht Fehler als Lernimpulse, Rückschläge als Entwicklungsschritte. Sie denkt nicht in Defiziten, sondern in Potenzialen.
- Sie inspiriert andere, teilt Wissen, stellt Fragen und schafft Räume, in denen Lernen erlaubt ist, übrigens auch für Führungskräfte.

Lernkompetenz macht die Assistenz zur Zukunftsbegleiter:in. Wer sich selbst weiterentwickelt, wird zur Impulsgeber:in für andere. Wer Lernen kultiviert, gestaltet Wandel. Lernen braucht jedoch Zeit, Energie und Erlaubnis. Im operativen Alltag wird es oft verdrängt als „später mal". Doch wer nicht lernt, bleibt stehen. Wir müssen uns selbst die Erlaubnis geben, zu wachsen und das Management daran erinnern, dass Lernen kein Nebenprojekt ist, sondern strategische Notwendigkeit. Und deswegen sollte Lernen auch während der Arbeitszeit zum Normalstatus werden und nicht auf Nebenschichten ausgelagert werden. Ich musste selbst immer wieder dafür kämpfen, aber meine klaren Ansprachen haben Wirkung gezeigt und sobald mir Aufgaben gegeben wurde, von denen ich wusste, dass diese mehr Zeit in Anspruch nehmen, da ich mich mitunter einer neuen Thematik widmen musste, habe ich nicht nur Lernzeit, sondern auch Deadlines stärker verhandelt mit meiner Führungskraft.

Führungsqualitäten und sozialer Einfluss

Für die Assistenz bedeutet das:

- Kulturträger:in: Unternehmenswerte im Alltag sichtbar machen.
- Beziehungsstrateg:in: Netzwerke innerhalb und außerhalb der Firma pflegen.

Beispielszenario: Die Assistenz koordiniert eine branchenübergreifende Initiative, die das Unternehmen als Vordenker positioniert.

Tipp: Setze dir pro Monat ein Networkingziel, z. B. zwei neue wertvolle Kontakte knüpfen: intern und extern.

Talentmanagement

Für die Assistenz bedeutet das:

- Skillmatcher:in: Talente gezielt Projekten zuordnen. Bei sich selbst, aber auch im Blick auf andere.
- Onboardinggestalter:in: Den Start neuer Kolleg:innen so effizient und herzlich wie möglich gestalten.

Beispielszenario: Die Assistenz erkennt Potenziale in Mitarbeitenden und schlägt ihre Einbindung in Innovationsprojekte vor.

Tipp: Führe eine Talentliste mit Stärken, Interessen und Projekterfahrungen der Kolleg:innen, die du regelmäßig mit deiner Führungskraft teilst.

Analytisches Denken

Für die Assistenz bedeutet das:

- Effizienzoptimierer:in: Prozesse mit Daten messen, Engpässe aufzeigen.
- Strategiepartner:in: Analysen bereitstellen, die Managemententscheidungen unterstützen.

Beispielszenario: Die Assistenz evaluiert Meetingzeiten und optimiert den Kalender der Führungskraft für mehr Fokuszeit.

Tipp: Visualisiere Analyseergebnisse mit klaren Diagrammen statt reiner Zahlenlisten.

Umweltverantwortung

Für die Assistenz bedeutet das:

- Green-Office-Champion: Nachhaltige Einkaufsrichtlinien etablieren.
- CSR-Verstärker:in: Umweltprojekte koordinieren, Fortschritte dokumentieren.

Beispielszenario: Die Assistenz initiiert eine noch stärkere papierfreie Bürostrategie und trackt den CO_2-Einspareffekt.

Tipp: Fange mit kleinen, sichtbaren Schritten an wie z. B. Umstellung auf Recyclingpapier und die Prüfung digitaler Signaturen.

Im Übrigen bietet die Haufe Akademie schon eine Weile das Seminar „Die Assistenz als Sustainability Agent" an und zahlt somit auf diese mögliche Expertenschiene ein.

Zusätzlich möchte ich noch die folgenden Fähigkeiten ergänzen, welche relevant sind und bleiben werden.

Strategisches Denken und Businessverständnis

Die Assistenz versteht nicht nur Abläufe, sie versteht das Geschäft. Sie liest zwischen den Zahlen, erkennt Muster in Meetings und denkt in Szenarien statt in Terminslots. Business Acumen heißt, den Pulsschlag des Unternehmens zu spüren und mitzugestalten. Was bedeutet das konkret?

- Verstehen von Geschäftsmodellen, KPIs und Zielsetzungen: Die Assistenz kennt die strategischen Ziele, versteht die Logik hinter dem Geschäftsmodell und kann relevante Kennzahlen einordnen. Sie erkennt, was das Unternehmen antreibt und was es bremst.
- Proaktive Mitgestaltung von Meetings und Entscheidungsprozessen: Statt nur zu organisieren, bringt sie Impulse ein, bereitet Entscheidungsgrundlagen vor und

moderiert informelle Dialoge, die oft entscheidender sind als das Protokoll.

- Vorausschauendes Planen statt reines Kalendermanagement: Termine werden nicht mehr nur verwaltet, sondern strategisch orchestriert. Die Assistenz denkt in Projektphasen, Stakeholderdynamiken und Timingfenstern.
- Fähigkeit, Prioritäten aus Unternehmensperspektive zu setzen: Sie erkennt, welche Aufgaben wirklich Wert schaffen und welche nur beschäftigt halten. Sie hilft Führungskräften, den Fokus zu halten und Ressourcen klug zu steuern.

Der Rollenwandel von der ausführenden zur strategischen Partnerschaft braucht Mut und Vertrauen. Mut, sich einzubringen, Fragen zu stellen, auch wenn sie unbequem sind. Vertrauen, dass die eigene Perspektive zählt. Intern wie extern gilt: Wer strategisch denkt, muss auch strategisch sichtbar werden.

Strategisches Denken eröffnet neue Räume der Wirksamkeit. Wer Geschäftsmodelle versteht, kann mitgestalten. Wer Prioritäten erkennt, kann Einfluss nehmen. Die Assistenz wird zur Brücke zwischen operativer Exzellenz und strategischer Steuerung und damit zur unverzichtbaren Stimme im Führungskreis. Diese Kompetenz macht sichtbar, was lange unsichtbar war. Die intellektuelle Tiefe und das unternehmerische Gespür hinter der Rolle.

Für die Assistenz bedeutet das:

- Mitdenker:in auf Augenhöhe: Unternehmensziele verstehen und Entscheidungen im Kontext der Gesamtstrategie einordnen.
- Prioritätenarchitekt:in: Aufgaben und Projekte so steuern, dass sie den größten Beitrag zu den Unternehmenszielen leisten.

- Markt- und Wettbewerbsbeobachter:in: Relevante Trends erkennen und Führungskräfte mit kompakten Insights versorgen.

Beispielszenario: Die Assistenz erkennt, dass ein vorgeschlagenes Event nicht zu den strategischen Wachstumsfeldern passt, und schlägt eine alternative Maßnahme vor, die sowohl Kosten spart als auch die Position am Markt stärkt.

Tipp: Lege dir ein Strategielogbuch an, in dem du wichtige Unternehmensziele und Marktveränderungen festhältst.

Bonus Skills: Intrapreneurship Mindset
Für die Assistenz bedeutet das:

- Unternehmerisch im Unternehmen handeln: Chancen erkennen, kalkulierte Risiken eingehen und Projekte wie eigene Mini-Unternehmen führen.
- Eigenverantwortliche Gestalter:in: Initiativen starten, ohne auf eine direkte Anweisung zu warten.
- Wertschaffer:in: Maßnahmen nicht nur auf Effizienz, sondern auch auf messbaren Mehrwert für Kunden, Team oder Marke ausrichten.

Beispielszenario: Die Assistenz entwickelt selbstständig ein neues digitales Kundenfeedbackformat, das die Servicequalität signifikant verbessert und präsentiert die Ergebnisse im Managementmeeting.

Tipp: Behandle interne Projekte wie Start-ups mit klaren Zielen, messbaren KPIs und schnellen Iterationen.

3.2   Führung ohne Titel, aber mit Haltung, Wirkung und strategischem Gewicht

Ich möchte in diesem Abschnitt noch einmal besonders auf das Thema Führung eingehen und explizit auf Führen ohne Titel, dafür aber mit Haltung, Wirkung und strategischem Gewicht.

Assistenzen führen nicht über Hierarchie, sie führen vielmehr über Vertrauen, Klarheit und Präsenz. Leadership wird zur Schattenkompetenz. Oftmals unsichtbar im Organigramm, aber spürbar in jedem Projekt, jedem Meeting, jeder Entscheidung. Einfluss entkeimt nicht durch Macht, sondern durch Resonanz, und die Assistenz ist oft diejenige, die den Ton setzt.

Leadership in der Assistenz heißt Verantwortung übernehmen, ohne formale Autorität. Es heißt, Räume zu öffnen, Menschen zu verbinden und Entscheidungen zu ermöglichen. Wer Einfluss nimmt, ohne zu dominieren, wird zur stillen Führungskraft und zur unverzichtbaren Partner:in im strategischen Dialog.

Was bedeutet das konkret?

- Stakeholdermanagement mit strategischem Feingefühl: Die Assistenz erkennt Interessen, vermittelt zwischen Perspektiven und baut tragfähige Beziehungen, intern wie extern.
- Führung durch Kommunikation, Vertrauen und Ergebnisorientierung: Sie führt durch Klarheit, durch Verlässlichkeit und durch die Fähigkeit, Menschen in Bewegung zu bringen, und zwar ohne Druck, aber mit Richtung.
- Aufbau eines persönlichen Brandings als unentbehrliche Sparringspartner:in: Sichtbarkeit entsteht durch Hal-

tung, Expertise und Wiedererkennbarkeit. Die Assistenz wird zur Marke, nicht laut, aber klar positioniert.

- Mentoring für andere Assistenzrollen: Leadership heißt auch, andere zu stärken. Assistenzen teilen Wissen, fördern Nachwuchs und gestalten die Profession aktiv mit.

Leadership ohne Titel bedarf Selbstsicherheit, Rückhalt und kontinuierliches Lernen. Es braucht innere Klarheit, um äußere Wirkung zu entfalten. Mentor:innen suchen, gezielte Netzwerke aufbauen und sich selbst als Lernende begreifen, das sind die Bausteine für nachhaltige Einflusskompetenz.

Einfluss ist die neue Macht. Wer führen kann, ohne zu herrschen, wird zur vertrauenswürdigen Instanz im Unternehmen. Die Assistenz wird zur Kulturträger:in, zur strategischen Impulsgeber:in und zur Führungskraft im Schatten, aber mit Lichtwirkung. Diese Kompetenz macht sichtbar, was lange unterschätzt wurde, nämlich die Fähigkeit, Wirkung zu entfalten, ohne im Rampenlicht zu stehen.

Praxisinterview mit Nicole Neubauer

Zum Thema Leadership unterhalte ich mich immer gerne mit der Expertin Nicole Neubauer. Nicole ist Geschäftsführerin der metaBeratung mit Sitz in Düsseldorf und der Personality Guidance AG mit Sitz in Zürich. Gemeinsam mit ihren Teams unterstützt sie Unternehmen in der Talentauswahl und -entwicklung von Trainee bis hin zur Führungskraft. Persönlichkeit zählt ist dabei das Credo. Hogan Persönlichkeitsassessments bilden seit 2005 den Kern der Beratungsleistungen, um Passung für eine Position richtig einzuschätzen. Nicole Neubauer verantwortet für den Bereich Business Development in Deutschland, Österreich und der Schweiz. Nach wie vor betreut sie ausgewählte Großkunden und bringt hier ihre langjährige Beratungserfahrung aus unterschiedlichen Branchen ein.

Nicole startete ihre berufliche Laufbahn mit ihrer Sprachenausbildung an der Academy for Management Assistants zunächst bei der UFA Film- und Fernsehproduktion. Nach weiteren Stationen bei globalen Strategie- und Unternehmensberatungen – zuletzt im Human Resources – gründete sie zusammen mit ihrem damaligen Partner, metaBeratung GmbH in der Schweiz und in Deutschland (2005 und 2007). Sie baute das Business Development und Marketing auf und arbeitet als Geschäftsführerin mit Geschäftspartnern wie Hogan Assessment Systems und der IMD Business School Lausanne, Kunden und Dienstleistern zusammen. Mehr zu Nicole: http://www.metaberatung.com und http://www.personalityguidance.ch.

Dadurch, dass sich Nicole von der Assistenz zur Führungskraft und dann weiter zum eigenen CEO mit starker Selbstführung entwickelt hat, habe ich ihr für mein Buchprojekt ein paar Fragen gestellt.

- **Nicole, was heißt laterale Führung für dich und wie können Assistenzen diese praktizieren?**

Nicole: Für mich bedeutet laterale Führung die Führung in einem Projekt, in Netzwerken oder diversen Teams – auf gleicher Hierarchieebene. Statt formeller Führung hat man in der lateralen Führung eine starke Koordinations- und Steuerungsfunktion inne. Eine Stärke, die man in der Assistenz eh mitbringt. Der Vorteil: Man kann eigene Erfahrungen teilen und über Kompetenz punkten, gleichzeitig Wissen ausbauen. Noch ein Plus: Man erweitert sein persönliches Netzwerk – sei es nach extern oder innerhalb eines Unternehmens. Man wird sichtbar – außerhalb seiner Kernkompetenz.

Die Rolle der Assistenz bietet eine tolle Möglichkeit in die laterale Führung zu gehen. Ich habe mir früh ein Ventil für meine Ambition gesucht und mich für freiwillige Projekte angeboten wie z. B. die Organisation des All Hands Meetings oder eine Urlaubsvertretung in der Personaleinsatzplanung. Es half mir, mein Wissen und Organisationstalent zu zeigen und vor allem mein Netzwerk unter den Beratern in DACH zu erweitern. Es war einfach die Lust und Freude an der Übernahme weiterer Verantwortung, die mich hier im ersten Schritt angetrieben hat, als die gezielte Vision, mich bewusst aus der Assistenzfunktion herauszubewegen. Das passierte nachher ganz natürlich.

Meine eigene Erfahrung zeigt, dass die Rolle der Assistenz eine tolle Ausgangsposition bietet, sich auszuprobieren und eigenes Wissen und Stärken mit anderen zu teilen und so sichtbar zu werden. An keiner anderen Stelle im Unternehmen fließen so viele Informationen zusammen wie hier. Das kann man für sich prima nutzen.

- **Wie bist du damals selbst aktiv in Führung gegangen und hast deine Führungskraft begleitet?**

Nicole: Einer meiner Führungskräfte war sehr pedantisch und nervös; er mochte keine Überraschungen, Fehler schon gar nicht und insbesondere der Arbeitsbeginn am Morgen folgte einem Ritual: Kaffee, Durchsprache der wichtigsten Termine, Reisen – virtuell oder persönlich. Ich war immer vor ihm da – und vorbereitet, wenn er ins Büro kam und auch virtuell nie unpünktlich für diesen Tagesauftakt. Dieser Gleichklang half mir, ein sehr gutes Vertrauensverhältnis zu ihm aufzubauen. Über die Zeit bekam ich aus seinen unterschiedlichen Teams mit, was gut lief, doch besonders auch, wenn es irgendwo hakte und wie schwierig es zum Teil für die Teammitglieder war, kritische Punkte mit ihm zu besprechen.

Zunächst wurde ich mehr und mehr der Kummerkasten seiner Teams; mich ärgerte, dass so viel positive Energie verloren ging und die Kritik nie bis zu ihm drang. Ich habe dann – nach einer Weile – einen weiteren Agendapunkt auf unsere morgendliche Abstimmung genommen: Feedback. Ich war schon etwas nervös, als ich ihm sagte, dass ich diesen Punkt ergänzt hätte, da ich viel Feedback aus seinen Teams bekäme, von dem ich glaubte, es sei für ihn und seine Rolle wichtig. Er öffnete sich dafür – dabei hat unsere gute Vertrauensbasis extrem geholfen. Das Feedback habe ich stets versucht unemotional und an einer bestimmten Situation fest zu machen, um so auch keinem der Teams „in den Rücken" zu fallen. Er war dafür sehr dankbar – am Ende hat es ihn in seiner eigenen Führungsaufgabe positiv unterstützt und seine Reputation verbessert.

- **Welches Selbstbewusstsein und welchen Mut hat es gebraucht?**

Nicole: Das Vertrauen, das meine Führungskraft und ich miteinander aufgebaut hatten, hat mir geholfen, diesen Mut zu fassen. Und dazu auch meine Art auf Dinge zu schauen: Ich mag Effizienz und mich ärgert es zu sehen, wenn Zusammenarbeit leidet, nur weil man keinen Weg findet, gut zu kommunizieren. Außerdem begann die Reputation meiner Führungskraft im Unternehmen zu leiden – da ich ihn anders kennengelernt hatte, wollte ich das ändern.

- **Wie können sich Assistenzen auf diesen proaktiven Approach vorbereiten?**

Nicole: Dazu fallen mir zwei Sprüche ein: „It's how you show up matters" und „Consistency is key". Es beginnt zunächst einmal mit der Selbstführung:
Zeige ich Konsistenz in meiner Rolle …

- gestalte ich die Zusammenarbeit mit meiner Führungskraft verlässlich,

- bin ich verlässlich für mich und für andere im Unternehmen?

Und Kompetenz: Eigne ich mir wichtiges Wissen an, was mir dabei hilft, die Rolle effizient auszuführen?

Das sind erste wichtige Schritte und der Grundstein für vertrauensvolle Zusammenarbeit. Wenn das klappt, ermöglicht das dann auch ganz automatisch den nächsten proaktiven Schritt z. B. für Reverse Feedback an die Führungskraft.

- **Kannst du erfolgreiche Beispiele teilen, die du selbst angewendet hast?**

Nicole: Selbst Feedback einholen! In der Beratung war die jährliche Beurteilung normal. Das 360-Grad-Feedback hat mir geholfen, mein Selbstbild mit Fremdbild überhaupt erst einmal kennenzulernen. Das war nicht immer einfach, ich habe mich z. T. ganz anders eingeschätzt. Und das zu akzeptieren, war auch schon ein Learning.

Aus den gewonnenen Einblicken aus der jährlichen Beurteilung habe ich versucht, diese strukturiert in Lernziele umzusetzen und mit meiner Führungskraft und HR festzulegen, wie ich daran arbeiten kann: z. B. durch ein Training/eine Weiterbildung oder die inhaltliche Begleitung eines Projekts.

> **Mein Tipp**
>
> Wenn es in Unternehmen keinen standardisierten Beurteilungsprozess gibt, so hat mir externes Mentoring sehr geholfen, mich aus meiner Bubble zu bewegen und Feedback zu erhalten. Es gibt viele öffentliche Programme gerade auch für Frauen wie z. B. Mentor me.

- **Heute bist du selbst Führungskraft. Was macht gute Führung für dich aus?**

Nicole: Da bin ich wieder bei der Selbstführung: Gute Führung beginnt zunächst bei sich selbst. Habe ich eine gute Selbstreflexion, bin ich mir meiner Stärken und Schwächen bewusst, kenne ich meine Werte und Antreiber, kann ich diese emotional intelligent in meiner Führungsaufgabe mit meinem Team einsetzen? Bin ich offen für Feedback anderer und setze Empfehlungen auch um?

Diese Awareness ermöglicht es mir, mein Team zu fordern und fördern und auch dann mitzunehmen, wenn ich operativ/strategisch die Richtung des Unternehmens dynamisch den Marktgegebenheiten anpassen muss. Das heißt auch, harte Entscheidungen treffen zu können. Letzteres durfte ich jüngst erst lernen. Gute Führung ist also auch ein stetiger Prozess – ich lerne jeden Tag dazu.

- **Nicole, ich danke dir für das Gespräch.**

3.3   Mediation und Konfliktmanagement in der Assistenz

Ein weiteres Thema, was ich gerne highlighten möchte, ist die Rolle des Mediators/der Mediatorin. Einige Assistenzen schauen sich diesen Entwicklungspfad aktuell an. Keine kann dazu besser Auskunft geben als meine Kollegin Sabine Kupfer. Sie hat sich vor vielen Jahren selbst in der Assistenz in den Bereich Mediation eingearbeitet und gibt heute ihr Wissen in diversen Lernformaten weiter.

Sabine ist Trainerin, Coach und Mediatorin mit über 24 Jahren Erfahrung im Assistenzbereich, viele Jahre davon auf Topmanagementlevel. Konflikte als Chance erkennen, das treibt sie an. Ihre Businesslieblingsmenschen sind Mitarbeitende in der Assistenz, denn hier ist eine Schlüsselposition, die Konflikte früh erkennt und entsprechend wirken kann. Sabine sieht in der Mediation eine große Chance für die Assistenz und hat sich deshalb darauf fokussiert, Assistenzen auf diesem neuen beruflichen Weg zu unterstützen. Sie ist Autorin des Coachingkartensets „Die KonfliktPiratin", dessen Ziel es ist, Konflikten mit Mut entgegenzutreten. Darüber hinaus engagiert sich Sabine ehrenamtlich im Bundesverband Mediation in unterschiedlichen Fachgruppen. Schwerpunkte ihrer Arbeit sind weiterhin Büroorganisation, Selbstmanagement und persönliche Wirksamkeit im Office-Umfeld. Mehr unter: https://sabine-kupfer.de/.

Praxisinterview mit Sabine Kupfer
Ich habe Sabine ein paar Fragen gestellt und bin mir sicher, dass du die Gedanken sicherlich an der ein oder anderen Stelle sehr gut nachvollziehen kannst und eventuell sogar selbst Bedarf siehst, in diesen Zweig näher hineinzuschauen.

- **Sabine, wie verbindest du das Thema Mediation mit der Rolle der Assistenz?**

Sabine: Ich verbinde Mediation mit der Rolle der Assistenz nicht über ein zusätzliches Aufgabenpaket, sondern über Haltung, Sprache und Prozessführung.

Selbstverständlich ist Mediation zunächst eine Methode, die in Konfliktsituationen angewandt wird, um diese zu entspannen und im besten Fall zu einer eigenen Vereinbarung zu kommen. Doch sie ist weit mehr als ein Verfahren, das erst beginnt, wenn eine Konfliktpartei einen Antrag stellt oder ein Vertrag unterschrieben wird. Mediation ist ebenso eine Haltung – allparteilich, zugewandt, klar und verbindlich.

Genau diese Haltung prägt die Arbeit der Assistenz jeden Tag. Sie ist Brückenbauer:in zwischen Führung und Team, zwischen verschiedenen Fachbereichen, zwischen Kundinnen und Partnern. Sie hört zu, sortiert, übersetzt Interessen hinter Positionen und sorgt dafür, dass Gespräche nicht nur geführt, sondern verstanden werden.

Im Alltag bedeutet das: Die Assistenz initiiert vor kritischen Terminen einen kurzen Erwartungsabgleich, stellt klärende Fragen („Worum geht es Ihnen wirklich?", „Was ist für Sie unverzichtbar, was verhandelbar?") und hält Entscheidungen so fest, dass sie belastbar bleiben. Sie sortiert und strukturiert also bereits vor kritischen Terminen mögliche Spannungsfelder und sorgt dafür, dass Gespräche nicht unnötig aufgeladen starten.

In Besprechung kann sie darauf achten, dass Gespräche strukturiert verlaufen: Wer spricht wann? Welche Spielregeln gelten? Wie sichern wir Ergebnisse? All das sind mediative Elemente, die Spannungen früh entschärfen und Verständigung ermöglichen, oft lange bevor ein Konflikt offen ausbricht.

Doch zu mediativem Arbeiten gehört auch eine Seite, die viel zu selten offen angesprochen wird: die Fähigkeit, die eigenen Grenzen zu erkennen und sie klar zu kommunizieren. Viele Assistenzen haben nie gelernt, wo ihre Verantwortung endet. Das liegt nicht an mangelndem Willen, sondern daran, dass es ihnen nie vermittelt wurde. Weder in Ausbildung noch in der täglichen Praxis wird darüber gesprochen, dass auch sie Grenzen ziehen dürfen – und müssen.

Sie versuchen, Konflikte zu klären, in denen sie selbst betroffen sind, oder bleiben in Situationen aktiv, in denen Machtmissbrauch, Diskriminierung oder strukturelle Probleme eine unabhängige Instanz erfordern würden. Genau hier ist eine klare Haltung gefragt: Es ist nicht Aufgabe der

Assistenz, jeden Konflikt zu lösen. Professionell ist es, zu erkennen, wann ein Fall an eine andere Stelle gehört – an die Führung, an die Personalabteilung oder an eine externe Mediatorin.

Mediation heißt nicht, alles allein tragen zu müssen. Es heißt auch, Verantwortung sauber zu teilen und für sich selbst zu sorgen. Wer diese Haltung verinnerlicht, schützt nicht nur sich selbst, sondern auch den Prozess. Erst dann kann aus „Wir reden aneinander vorbei" wieder „Wir verstehen, was uns jeweils wichtig ist" werden – und aus einem Dauerfeuer aus Missverständnissen entsteht ein tragfähiges Miteinander.

- **Warum siehst du besondere Chancen für Assistenzen, sich in Konfliktmanagement und Mediation weiterzubilden?**

Sabine: Ich sehe hier ein enormes Potenzial, weil die Assistenz etwas mitbringt, das viele unterschätzen: einen einzigartigen Blick auf das System und ein hohes Maß an Vertrauen. Die Assistenz sieht die Zusammenhänge – sie erkennt, wo Informationsflüsse stocken, Übergaben nicht funktionieren oder Erwartungen unausgesprochen im Raum stehen. Sie ist nah an den Menschen und gleichzeitig nah an Prozessen und Entscheidungen. Diese Kombination ist selten und macht sie zur idealen Rolle, um Spannungen früh zu erkennen und konstruktiv anzugehen.

Eine Weiterbildung in Mediation und Konfliktmanagement gibt dieser Stärke ein Fundament. Plötzlich bekommt das, was die Assistenz ohnehin tut – zuhören, übersetzen, klären, nachhalten – eine Sprache, eine Struktur und einen professionellen Rahmen. Und sie lernt etwas, was in dieser Rolle häufig fehlt und doch zentral ist: die Kunst der klaren Abgrenzung – also zu wissen, wann sie eingreift, wie weit ihre Verantwortung reicht und wann es professionell ist, einen Fall bewusst weiterzugeben.

Mediation bedeutet nicht, alles selbst zu lösen, sondern zu wissen, wann und wie weit man eingreift – und wann man eine Situation bewusst weitergibt. Dieses Bewusstsein schützt vor Überforderung, Selbstaufgabe und dem Gefühl, allein verantwortlich für den Frieden im Unternehmen zu sein.

Gerade weil Organisationen heute komplexer und schneller sind, steigen die Reibungskosten durch ungeklärte Spannungen. Nicht die großen Eklats kosten am meisten, sondern die kleinen, ständigen Missverständnisse: das endlose E-Mail-Pingpong, die wieder aufgerissenen Entscheidungen, die unterschwelligen Sticheleien. Hier können mediative Mikrointerventionen sofort Wirkung zeigen: klare Erwartungsabsprachen, eine Sprache, die Interessen statt Positionen sichtbar macht, kurze, strukturierte Klärungsgespräche.

Damit stärkt die Assistenz nicht nur ihre eigene Rolle, sondern auch ihre Position im Unternehmen. Sie wird sichtbar als Konfliktnavigator:in, als Brückenbauer:in und Impulsgeber:in für tragfähige Entscheidungen. Wer sich in diesem Feld weiterbildet, öffnet Türen zu neuen Verantwortungsbereichen – von Changemanagement über Kommunikation bis hin zu Organisationsentwicklung. Und nicht zuletzt stärkt eine solche Weiterbildung die eigene Resilienz: Sie hilft, Verantwortung nicht zu überdehnen, sondern gezielt einzusetzen – und das eigene Wirken bewusst zu gestalten. Und sie lernt, ihre eigene Rolle nicht nur im Außen, sondern auch im Innen bewusst zu gestalten: Verantwortung zu übernehmen, ohne sich aufzureiben, und wirksam zu sein, ohne sich selbst zu verlieren.

- **Wie „verpacken" wir das für das Management, besonders dort, wo noch traditionell über die Rolle der Assistenz gedacht wird?**

Sabine: Hier geht es nicht darum, ein neues Thema „zu verkaufen", sondern darum, das vorhandene Potenzial in einer Sprache sichtbar zu machen, die Management versteht: Risiko, Effizienz, Zeit, Verlässlichkeit. Statt über Mediation als abstraktes Konzept zu sprechen, beschreibe ich, was konkret passiert: „Wir verlieren derzeit wertvolle Zeit in Missverständnissen und Abstimmungsschleifen. Ich kann hier Prozesse begleiten, Erwartungen frühzeitig klären und Kommunikationspfade sauber gestalten. Das Ergebnis: weniger Reibungsverluste, schnellere Entscheidungen und mehr Fokuszeit für Führungskräfte."

Diese Sprache öffnet Türen. Und sie wird umso überzeugender, wenn wir mit kleinen, klar umrissenen Piloten starten: „Lassen Sie uns in zwei Prozessen für acht Wochen mediative Routinen testen. Wir definieren klare Ziele, Spielregeln und Erfolgsindikatoren, werten anschließend gemeinsam aus und entscheiden über die nächsten Schritte." Sobald Wirkung messbar wird – weniger E-Mailschleifen, kürzere Meetings, höhere Zufriedenheit –, wird der Wert sichtbar. Dazu gehört auch, dass Elemente wie aktives Zuhören, gezieltes Nachfragen und erneutes Zuhören einen wichtigen Teil ausmachen. Denn das ist Wertschätzung pur und wird häufig durch die Assistenz geleistet, die dafür häufig noch nicht gesehen wird. Doch das entspannt Situationen und hilft den Mitarbeitenden.

Wichtig ist auch, Grenzen transparent zu machen. Führungskräfte müssen wissen: Die Assistenz ist nicht dafür da, alle Konflikte zu lösen oder strukturelle Probleme auszubügeln. Sie kann Spannungen früh erkennen, sie kann Kommunikation gestalten, sie kann Klärungsräume eröffnen – aber sie ersetzt nicht Führung, nicht HR und nicht professionelle Mediation in eskalierten Fällen. Diese Klarheit schafft Vertrauen und schützt die Assistenz vor Überlastung. Und sie erinnert Führungskräfte daran, dass Konfliktbearbeitung eine gemeinsame Aufgabe ist: Mediation durch die Assistenz kann unterstützen, aber sie ersetzt nicht die Führungsverantwortung, ein sicheres und wertschätzendes Arbeitsumfeld zu gestalten.

Wenn wir so argumentieren, werden traditionelle Denkmuster nicht frontal angegriffen, sondern leise verschoben. Aus der „Erledigerin im Hintergrund" wird eine strategische Konfliktnavigatorin, die dafür sorgt, dass Entscheidungen schneller getroffen, Ressourcen besser genutzt und Menschen im Prozess gehalten werden. Und genau das ist es, was Management am Ende überzeugt: sichtbare Wirkung mit überschaubarem Risiko.

- **Welche konkreten Schritte können Assistenzen jetzt gehen, wenn sie in diesem Feld punkten wollen?**

Sabine: Der erste Schritt ist, die eigene Wahrnehmung zu schärfen: Wo entstehen im Alltag Spannungen? Wo laufen Informationen doppelt oder gar nicht? Wo entstehen Missverständnisse, die Entscheidungen verzögern? Wer diese Reibungspunkte erkennt, hat den Schlüssel für Veränderung in der Hand.

Dann geht es darum, kleine, aber konsequente Schritte zu gehen. Ein kurzer Check-in vor wichtigen Meetings („Was ist heute unser Ziel? Welche Entscheidung soll fallen? Woran merken wir, dass sie tragfähig ist?") kann erstaunlich viel bewegen. Ein sauber formuliertes Follow-up, das Verantwortlichkeiten und Fristen festhält, verhindert Rückfragen und Missverständnisse. Eine E-Mail, die nicht nur den Fehler benennt, sondern auch Wirkung und Lösungsvorschlag enthält, kann Konflikte entschärfen, bevor sie entstehen.

Parallel dazu lohnt sich die Auseinandersetzung mit der eigenen Rolle: Wo endet meine Verantwortung? Was kann und will ich gestalten – und wo braucht es andere Instanzen? Diese Selbstklärung ist zentral, um nicht in die Falle zu tappen, Konflikte ungefiltert zu übernehmen. Sie ist auch ein Akt der Selbstfürsorge: Denn wer seine Verantwortung kennt und sie nicht überschreitet, bleibt handlungsfähig und kann andere souverän begleiten. Wer versucht, alles selbst zu lösen, verliert schnell an Kraft und Wirkung. Professionelles Handeln heißt hier: rechtzeitig benennen, wenn ein Konflikt die eigene Zuständigkeit übersteigt, und ihn bewusst weitergeben – an Führung, HR oder externe Unterstützung.

Mit diesen Grundlagen kann die Assistenz dann gezielt in Weiterbildung investieren: Gesprächsführung, Deeskalation, Konfliktanalyse, Moderation. Entscheidend ist, das Gelernte nicht „auf Halde" zu legen, sondern es sofort anzuwenden. Jede kleine Klärung, jedes bewusst geführte Gespräch stärkt Kompetenz und Selbstbewusstsein. Und Schritt für Schritt entsteht daraus ein klares Profil: nicht mehr nur unterstützend im Hintergrund, sondern gestaltend im Zentrum von Kommunikation und Zusammenarbeit.

Die Zukunft der Assistenz liegt genau hier: im Mut, Spannungen anzusprechen, im Wissen um die eigene Verantwortung und im Können, Prozesse so zu gestalten, dass Verständigung möglich bleibt. Mediation ist dafür kein Fremdkörper, sondern ein natürlicher Verbündeter – ein Kompass, der die Rolle der Assistenz nicht verändert, sondern ihre Wirkung vervielfacht.

- **Sabine, ich danke dir für das Gespräch.**

Sicherlich ist dies für manche Assistenz und auch hoffentlich für die Führungskraft ein Impuls, den man weiterdenken kann. Egal ob es eine Weiterbildung im Bereich Mediation, KI, Digitalisierung etc. ist, Assistenzen dürfen ihren Durst nach Wissen bitte offen einfordern und klare Learning- und Developmentmaßnahmen gemeinsam mit der Führungskraft festhalten. Daher auch in Richtung des Managements mein klarer Call to Action.

Call to Action

Geben Sie Ihrer Assistenz die Aufmerksamkeit, die sie verdient, denn sie ist nicht nur eine Unterstützung im Tagesgeschäft, sie ist ein strategischer Erfolgsfaktor.

- Fördern statt nur fordern: Planen Sie gezielt Budgets für Weiterbildungen, Toolschulungen und Zertifizierungen ein, um die Kompetenzen Ihrer Assistenz nachhaltig zu stärken.
- Einbinden statt ausschließen: Integrieren Sie Ihre Assistenz aktiv in strategische Meetings, Entscheidungsprozesse und Projektarchitekturen, denn nur so entsteht echte Co-Leadership.
- Digital befähigen: Ermöglichen Sie den Einsatz moderner Tools wie Boardwise, um eine strukturierte, datengestützte Meetingkultur und Informationsarchitektur zu etablieren.
- Vertrauen statt Kontrolle: Übertragen Sie Verantwortung, lassen Sie Raum für Gestaltung und sorgen Sie für Sichtbarkeit, das hilft zur Selbstwirksamkeit statt Mikromanagement.

Eine exzellent aufgestellte Assistenz transformiert gutes Management in exzellente Führung. Wer in diese Rolle investiert, investiert direkt in die Zukunftsfähigkeit und Resilienz des Unternehmens. Trainings, Coachings und Mitgliedschaften in Berufsverbänden sind strategische Investments. Und ja: Sie zahlen sich aus.

Literatur

Kupfer, S. (o. D.). *Sabine Kupfer*. Abgerufen am 31.10.2025 von https://sabine-kupfer.de/

Neubauer, N. (o. D.a). *metaBeratung*. Abgerufen am 31.10.2025 von http://www.metaberatung.com

Neubauer, N. (o. D.b). *Personality Guidance*. Abgerufen am 31.10.2025 von http://www.personalityguidance.ch

Word Economic Forum (2025). *The Future of Jobs Report 2025*. Abgerufen am 31.10.2025 von https://www.weforum.org/publications/the-future-of-jobs-report-2025/

4

Assistenz: Das unerklärbare Mysterium

Noch immer – nach all den Jahren – müssen wir aufklären über das Rollenbild der Assistenz. Sonst würde es dieses und zahlreiche andere Bücher nicht geben.

Ich bin darüber übergegangen, Rollen und Bilder für Assistenzen zu vergeben, vielleicht mit der Hoffnung, dass die Unternehmen sie dadurch besser verstehen. Vielleicht hilft es auch dir selbst ein bisschen, deine Geschichte besser zu erzählen, wenn du dich dem ein oder anderen Begriff aus diesem Buch dienlich machen kannst. Starten wir mit der Assistenz als Navigationssystem.

4.1 Ein Alltag zwischen Autopilot und Kurskorrektur

Stelle dir ein modernes Cockpit vor. Die Anzeigen leuchten, der Autopilot ist aktiviert, die Route programmiert. Alles

© Der/die Autor(en), exklusiv lizenziert an Springer Fachmedien Wiesbaden GmbH, ein Teil von Springer Nature 2026
D. Brandl, *Erfolgsfaktor Assistenz*, Fit for Future,
https://doi.org/10.1007/978-3-658-50545-5_4

scheint ruhig bis plötzlich eine Gewitterfront aufzieht, ein Ziel sich verschiebt oder ein Passagier mit Sonderwünschen auftaucht. In solchen Momenten zeigt sich, ob das Navigationssystem nur ein technisches Hilfsmittel ist oder ein intelligenter, mitdenkender Begleiter. Genau hier beginnt die Parallele zur Assistenz.

Die Assistenz ist das menschliche Navigationssystem im komplexen Raum zwischen Führung, Organisation und Kommunikation. Sie kennt die Route, erkennt Abweichungen, schlägt Alternativen vor und bleibt dabei stets im Dialog mit der Führungskraft. Ihre Stärke liegt nicht nur im reibungslosen Ablauf, sondern in der Fähigkeit, situativ zu reagieren, zu antizipieren und zu moderieren.

Im Autopilotmodus agiert die Assistenz mit beeindruckender Präzision. Termine werden koordiniert, Informationen gefiltert, Prioritäten gesetzt. Die Führungskraft kann sich auf strategische Aufgaben konzentrieren, weil sie weiß, dass die Assistenz den Kurs hält. Dieser Modus ist geprägt von Vertrauen, Effizienz und eingespielten Abläufen. Doch er birgt auch eine Gefahr, nämlich die Unsichtbarkeit der Leistung.

Viele Assistenzen berichten davon, dass ihre Arbeit im Autopilotmodus kaum wahrgenommen wird. Alles läuft, aber niemand fragt, warum. Die Kompetenz, mit der sie Komplexität reduzieren, Konflikte vermeiden und Prozesse stabilisieren, bleibt oft unter dem Radar. Dabei ist gerade diese stille Exzellenz ein Erfolgsfaktor und verdient Sichtbarkeit.

Doch die wahre Meisterschaft zeigt sich, wenn der Kurs korrigiert werden muss. Wenn ein Projekt ins Stocken gerät, ein Meeting eskaliert oder eine strategische Entscheidung neue Anforderungen mit sich bringt. Dann wird aus der Assistenz eine aktive Mitgestalter:in. Sie erkennt, dass der Autopilot nicht mehr ausreicht und übernimmt das Steuer.

Diese Kurskorrekturen erfordern Mut, Kommunikationsstärke und ein tiefes Verständnis für die Dynamik im Unternehmen. Die Assistenz muss nicht nur wissen, was zu tun ist, sondern auch, wie sie es kommuniziert. Sie wird zur Moderator:in zwischen Interessen, zur Impulsgeber:in für neue Wege und zur strategischen Partner:in, die nicht nur reagiert, sondern gestaltet.

Szenenwechsel: Ein literarisches Bild

Ein Montagmorgen. Die Führungskraft kommt gehetzt ins Büro, das Wochenende war turbulent, die Woche verspricht nicht weniger turbulent zu werden. Die Assistenz hat bereits die Agenda angepasst, kritische Punkte markiert, einen internen Konflikt antizipiert und ein Gespräch mit HR vorbereitet. Noch bevor die erste Tasse Kaffee geleert ist, steht der neue Kurs. Die Führungskraft atmet auf und weiß, dass ohne diese Navigationshilfe der Tag ein Blindflug geworden wäre.

Die Assistenz als Navigationssystem heißt nicht, einfach nur blind zu folgen. Es heißt, mitzudenken, mitzufühlen und mitzugestalten. Es bedeutet, die Route nicht nur zu kennen, sondern auch zu hinterfragen. Ist das Ziel noch aktuell? Gibt es bessere Wege? Welche Risiken sind zu erwarten? Diese Fragen machen aus einer Assistenz eine Co-pilot:in und aus Routine eine Form von Führung.

Die Fähigkeit, zwischen Autopilot und Kurskorrektur zu wechseln, ist nicht nur eine technische Fertigkeit, sondern eine Haltung. Sie verlangt:

- Situationsbewusstsein: Die Fähigkeit, Veränderungen frühzeitig zu erkennen.
- Kommunikationskompetenz: Klarheit, Empathie und Durchsetzungsvermögen im Dialog.
- Strategisches Denken: Das große Ganze im Blick behalten, auch bei operativen Details.

- Mut zur Intervention: Nicht nur reagieren, sondern pro-aktiv gestalten.
- Selbstführung: Die eigene Rolle reflektieren und bewusst einsetzen.

Auf zwei Bereiche möchte ich besonders eingehen.

A: Situationsbewusstsein als Radar der Assistenz

Situationsbewusstsein ist eine wichtige Superkraft der Assistenz. Es ist das innere Radar, das nicht nur registriert, was ist, sondern auch erahnt, was kommen könnte. Es ist die Fähigkeit, zwischen den Zeilen zu lesen, Stimmungen zu deuten, implizite Erwartungen zu erkennen und aus scheinbar nebensächlichen Informationen strategische Schlüsse zu ziehen.

In der Luftfahrt spricht man von Situational Awareness, dem ganzheitlichen Erfassen der Umgebung, der Fluglage, der Wetterbedingungen und der technischen Parameter. Ein Pilot mit hohem Situationsbewusstsein erkennt, wo er sich befindet, sieht aber auch, wie sich die Lage entwickeln könnte. Genau diese Kompetenz ist auch für die Assistenz entscheidend.

Drei Ebenen des Situationsbewusstseins lohnen sich hier einmal zu erwähnen:

1. Wahrnehmung: Was passiert gerade? Welche Informationen sind relevant? Welche Signale sendet die Führungskraft, verbal und nonverbal? Welche Dynamiken zeigen sich im Team, in Meetings, in der Kommunikation?
2. Verstehen: Was bedeutet das? Welche Zusammenhänge bestehen? Welche Auswirkungen könnten sich ergeben? Welche Bedürfnisse stehen hinter bestimmten Verhaltensweisen?

3. Antizipation: Was könnte als Nächstes passieren? Welche Optionen stehen zur Verfügung? Wo braucht es eine Kurskorrektur, bevor ein Problem sichtbar wird?

B: Selbstführung als inneres Steuer der Assistenz

Wer andere navigieren will, muss zuerst sich selbst steuern können. Selbstführung ist die Grundlage jeder professionellen Assistenz, ein inneres Steuer, das Haltung, Klarheit und Handlungsfähigkeit ermöglicht, auch wenn die äußeren Bedingungen turbulent sind.

In der Rolle der Assistenz begegnet man täglich einer Vielzahl von Erwartungen, Stimmungen, Prioritäten und Spannungsfeldern. Die Führungskraft ist gestresst, das Team uneins, die Agenda überfüllt und dennoch wird erwartet, dass die Assistenz den Überblick behält, Ruhe ausstrahlt und Lösungen anbietet. Ohne Selbstführung wäre das ein unmögliches Unterfangen.

Was bedeutet Selbstführung?

Selbstführung ist die Fähigkeit, die eigene Aufmerksamkeit, Energie und Haltung bewusst zu regulieren. Es ist die Kunst, sich nicht von äußeren Dynamiken vereinnahmen zu lassen, sondern innerlich klar zu bleiben und aus dieser Klarheit heraus zu agieren.

Für die Assistenz bedeutet das:

- Prioritäten setzen, auch für sich selbst:
  Nicht alles, was dringend ist, ist auch wichtig. Selbstführung heißt, die eigenen Ressourcen zu schützen und bewusst zu entscheiden, wo Energie investiert wird.
- Emotionale Selbstregulation:
  Wenn Spannungen entstehen, braucht es innere Stabilität. Die Assistenz ist oft die Erste, die mit Unzufriedenheit, Druck oder Frustration konfrontiert wird und die Letzte, die sich davon mitreißen lassen darf.

- Reflexionsfähigkeit:
  Selbstführung heißt, sich selbst zu beobachten. Was triggert mich? Wo verliere ich Fokus? Welche Muster wiederholen sich und wie kann ich sie unterbrechen?
- Grenzen setzen:
  Wer immer verfügbar ist, verliert sich selbst. Selbstführung bedeutet, die eigene Rolle zu definieren, Nein sagen zu können und Verantwortung bewusst zu dosieren.
- Selbstwirksamkeit stärken:
  Die Überzeugung, Einfluss nehmen zu können – auch in schwierigen Situationen – ist zentral. Selbstführung heißt, sich nicht als Opfer der Umstände zu sehen, sondern als aktive Gestalter:in.

Diese Kompetenzen sind erlernbar und sie sind entscheidend für die Zukunft der Assistenz. Denn je komplexer die Arbeitswelt wird, desto wichtiger wird die Fähigkeit, nicht nur zu begleiten, sondern zu navigieren.

Wir sind immer mehr umgeben von Daten, Tools und Systemen. Als Assistenz bleibst du menschlicher Kompass. Du verbindest Struktur mit Intuition, Planung mit Empathie und Routine mit Reflexion. Zwischen Autopilot und Kurskorrektur liegt deine wahre Stärke und dein strategischer Wert.

4.2   Die Assistenz als Jongleur:in

Heute schon jongliert? Es ist 8:45 Uhr. Die Kaffeetasse dampft noch, der Kalender ist farblich codiert, die To-do-Liste akkurat sortiert. Alles scheint bereit für einen strukturierten Tag, bis der erste Ball fällt. Ein Meeting wird spontan verschoben, eine Kundin ruft mit dringendem Anliegen an, die Führungskraft bittet um eine Präsentation „bis Mittag". Willkommen im Alltag von Assistenzprofis, der oftmals einem Hochseilakt zwischen Planung und Improvisation, zwischen Verlässlichkeit und Flexibilität ähnelt.

Die Metapher der Jongleur:in beschreibt die moderne Assistenz treffend. Ihre Kunst besteht darin, mehrere Aufgaben gleichzeitig in der Luft zu halten, ohne dass etwas zu Boden fällt. Dabei jongliert sie nicht nur mit Terminen, Informationen und Erwartungen, sondern auch mit Emotionen, Stimmungen und unausgesprochenen Bedürfnissen.

Routine ist kein Widerspruch zur Kreativität. Assistenzprofis leben von wiederkehrenden Abläufen: Reisekostenabrechnungen, Meetingvorbereitungen, Protokollführung, E-Mail-Management. Diese Tätigkeiten sind wie die Grundbewegungen einer Jongleur:in sicher, eingeübt, verlässlich. Sie geben Halt und Struktur, ermöglichen Effizienz und schaffen Raum für das Unerwartete.

Doch Routine ist weitaus mehr als Wiederholung. Sie ist ein Zeichen von Professionalität. Wer die Abläufe kennt, kann sie optimieren. Wer die Muster erkennt, kann sie durchbrechen. Assistenzen entwickeln nicht nur Routinen, sie gestalten sie strategisch mit Blick auf die Bedürfnisse des Teams, der Führungskraft und der Organisation.

Die wahre Meisterschaft zeigt sich jedoch, wenn der Rhythmus sich ändert. Wenn ein neuer Ball ins Spiel kommt, unerwartet, schnell, vielleicht sogar widersprüchlich. Hier beginnt die strategische Dimension der Assistenz. Überraschungen sind keine Störungen, sondern Chancen zur Positionierung. Sie erfordern schnelle Auffassungsgabe, emotionale Intelligenz und die Fähigkeit, Prioritäten neu zu setzen.

Assistenzen agieren dabei wie Krisenmanager:innen im Miniaturformat. Sie erkennen, was wirklich wichtig ist, kommunizieren klar, handeln lösungsorientiert. Sie bleiben ruhig, wenn andere nervös werden. Sie denken voraus, während andere noch reagieren. Diese Kompetenz, das Jonglieren mit dem Unplanbaren, ist eine erlernbare Fähigkeit.

Sie entsteht durch Erfahrung, Reflexion und den Mut, Verantwortung zu übernehmen.

Assistenzen bewegen sich täglich zwischen verschiedenen Sphären. Management und Team, Strategie und Alltag, Struktur und Dynamik. Sie sind Übersetzer:innen, Vermittler:innen, Impulsgeber:innen. Ihre Rolle ist hybrid und gerade deshalb so wertvoll. Sie erkennen, wo Spannungen entstehen, und gleichen sie aus. Sie wissen, wann ein Gespräch gebraucht wird, bevor es jemand ausspricht. Sie bringen Ordnung ins Chaos, ohne die Lebendigkeit zu verlieren.

Diese Zwischenposition ist anspruchsvoll und verlangt ein hohes Maß an Selbstmanagement, Kommunikationsstärke und innerer Klarheit. Assistenzen müssen sich daher selbst gut kennen, um andere gut begleiten zu können. Sie müssen ihre Grenzen wahren, um Räume für andere zu öffnen. Sie müssen ihre Rolle definieren, um nicht darin verloren zu gehen.

Viele der jonglierten Bälle sind unsichtbar. Es herrschen emotionale Spannungen, unausgesprochene Erwartungen, stille Konflikte. Assistenzen bearbeiten sie oft im Hintergrund, diskret, empathisch, wirkungsvoll. Doch diese Unsichtbarkeit birgt eine Gefahr, denn sie kann zur Unterschätzung führen. Was nicht gesehen wird, wird nicht gewürdigt. Deshalb braucht es Sichtbarkeit. Nicht im Sinne von Selbstdarstellung, sondern im Sinne von professioneller Anerkennung. Benenne daher deine Kompetenzen, mache deine Beiträge sichtbar, positioniere dich strategisch. Make your work visible!

4.3   ADHS und wie hängt es mit der Assistenzrolle zusammen?

Was aber, wenn das Jonglieren auch mal zur schier unmöglichen Aufgabe wird? Konzentration und Fokus fehlen? Reize lenken ab. Und die Zeit scheint nur noch davonzulaufen.

Letztes Jahr habe ich mich mit Expertinnen und Experten zum Thema ADHS in der Assistenz ausgetauscht. Durch Zufall kam in einer Podcastaufnahme das Thema auf, dass eine Assistenz davon berichtete, dass sie ADHS hat, und da bin ich neugierig geworden und auf Spurensuche gegangen.

Die Assistenz ist ein Berufsfeld, das höchste Anforderungen an Organisation, Multitasking und vorausschauendes Denken stellt. Doch was passiert, wenn diese Rolle mit einer neurologischen Besonderheit wie ADHS (Aufmerksamkeitsdefizit-Hyperaktivitätsstörung) gelebt wird? Statt als Hindernis kann ADHS, mit dem richtigen Verständnis und gezielten Strategien, zur Quelle von Kreativität, Empathie und innovativer Selbstorganisation werden.

ADHS ist keineswegs eine Kinderkrankheit, sondern eine lebenslange neurologische Konstitution, die sich durch Herausforderungen in der Exekutivfunktion, Impulsivität, Zeitblindheit und Reizoffenheit auszeichnet. Laut dem Diagnostiksystem für psychische Störungen (DSM 5) sind etwa 2,5 % der erwachsenen Allgemeinbevölkerung betroffen. Eine weitere repräsentative Studie zeigt, dass etwa 4,7 % der erwachsenen Deutschen von ADHS betroffen sind. Die Pandemie hat diese Symptome verstärkt: Isolation, Homeoffice und ständige Unterbrechungen führten zu einer Zunahme von Konzentrationsproblemen und mentaler Erschöpfung.

In Assistenzberufen, die auf Struktur, Präzision und schnelle Reaktion setzen, kann ADHS zur täglichen Herausforderung werden, aber auch zur Quelle besonderer

Stärken. Viele Assistenzen mit ADHS berichten von hoher Anpassungsfähigkeit, intuitivem Denken und kreativen Lösungsansätzen. Die Kunst liegt darin, diese Stärken gezielt zu nutzen und die Stolpersteine mit kluger Selbstorganisation zu entschärfen.

Das Thema ließ mich nicht los. Ich bin weiter in die Recherche gegangen und durfte für einen Artikel in der working@office-Zeitschrift zwei betroffene Menschen befragen. Chris Sorg, Gründer des ADHD Growth Lab und ehemaliger Chief of Staff, erhielt seine erste Diagnose mit 10 und wurde mit dem Mythos konfrontiert, ADHS verschwinde im Erwachsenenalter. Erst mit 30 kam die zweite Diagnose, die für ihn zum Wendepunkt wurde, denn er wusste endlich, gegen was er antreten muss. Diese Klarheit war der Startschuss für eine tiefgreifende Transformation für ihn.

Lauren Bradley, Gründerin von The Officials und ehemalige Assistenz, beschreibt ihre Diagnose als befreiend. Sie hatte immer das Gefühl, ihre 80 % seien ein Versagen. Die Diagnose half ihr, zu erkennen, dass ihre 80 % oft besser sind als die 100 % anderer und dass ihr innerer Maßstab unrealistisch war. Ihre Tools im Selbstmanagement und Zeitmanagement sind Notion als zweites Gehirn, Post-its als visuelle Anker und Uhren, die zehn Minuten vorgehen, um Zeitblindheit zu kompensieren.

Vielleicht erkennst du dich beim Lesen gerade selbst wieder und bist davon überzeugt, auch ADHS zu haben oder hast sogar schon die Diagnose. Daher hoffe ich, dass dir diese Methoden und Werkzeuge auf deinem Weg helfen:

Strukturstrategien für Assistenzen mit ADHS

Termin- und Aufgabenmanagement

- Klare Meetingstrukturen mit Agenda und eigenen Notizen
- Erinnerungsapps wie MS To Do mit mehrfachen Alarmen
- Schriftliche Anfragen zur besseren Priorisierung

Fokus und Reizreduktion

- Noise-Cancelling-Kopfhörer oder beruhigende Hintergrundmusik
- Push-Benachrichtigungen ausschalten, Fokus-Apps wie Forest nutzen
- Physische oder digitale To-do-Listen mit klaren Zeitfenstern

Zeitmanagement und Priorisierung

- Pomodoro-Technik: 25 min Fokus, 5 min Pause
- Getting-Things-Done-Methode: Aufgaben in machbare Schritte zerlegen
- Eisenhower-Matrix: Wichtigkeit versus Dringlichkeit trennen

Selbstorganisation und Routinen

- Morning Reset mit Tagesplanung und Prioritätencheck
- Feste Zeitfenster für wiederkehrende Aufgaben
- Strukturierte Arbeitsumgebung mit klaren Ablagen und digitalen Ordnern

ADHS verlangt nicht Struktur und Selbstmitgefühl. Regelmäßige Pausen, Bewegung, gesunde Ernährung und positive Selbstgespräche sind essenzielle Werkzeuge. Chris Sorg betonte in unserem Austausch, dass nicht jede Lösung kompliziert sein muss. Oft sind es die einfachen Dinge, die den größten Effekt haben.

Assistenzen mit ADHS bringen oft eine besondere Mischung aus Empathie, Kreativität und intuitiver Problemlösung mit. Mit dem richtigen Mindset, passenden Tools und einem Umfeld, das neurodiverse Arbeitsweisen akzeptiert, kann ADHS zur Stärke werden nicht trotz, sondern wegen seiner Besonderheiten.

ADHS ist für mich somit eine Einladung, Arbeitsweisen neu zu denken, Stärken sichtbar zu machen und Strukturen zu schaffen, die wirklich funktionieren. Mit Humor, Akzeptanz und klugen Strategien wird aus Chaos Klarheit.

Literatur

Apps: Notion, Trello, MS To Do, Forest

Bradley, L. (o. D.). *The Officials*. The Officials. Abgerufen am 31.10.2025 von https://jointheofficials.com/

Expertenrat ADHS (ab 2023). Podcast „ADHS: Kein Grund zur Panik!". Abgerufen am 31.10.25 von https://www.expertenrat-adhs.de/podcast/

Hallowell, E.M. (2024). *ADHS einfach erklärt* (übersetzt von Karin Hofmann). München: DK

Infoportal ADHS (o. D.). Wichtige Zahlen und Fakten. Universitätsklinikum Köln. Abgerufen am 31.10.25 von https://www.adhs.info/fuer-erwachsene/wichtige-zahlen-und-fakten/

Sorg, C. (o. D.). The ADHD Growth Lab. Abgerufen am 31.10.2025 von https://adhdgrowthlab.com/

5

Wohin geht deine nächste Reise?

5.1 Marktbeobachtungen

Praxisinterview mit Verena Schiffer
Als Personalberaterin ist Verena Schiffer auf die Vermittlung von hochqualifizierten Assistenzen und Office Professionals für Führungskräfte spezialisiert. Ihr Ziel: passgenaue Personalberatung und -vermittlung, und zwar in ihrer Heimat München genauso wie in Düsseldorf oder Berlin. Denn sie ist überzeugt: Der größte Erfolg entsteht, wenn Führungskraft und Assistenz ein Team bilden, das sich optimal ergänzt und fachlich wie menschlich harmoniert.

Dafür bietet sie einen maßgeschneiderten Vermittlungsprozess: von ausführlichen persönlichen Gesprächen, in denen sie Anforderungen klärt, über die gezielte Vorauswahl passender Kandidatinnen und Kandidaten bis zur Vertragsunterzeichnung. Mehr zu Verena Schiffer: https://www.verenaschiffer.de/.

D. Brandl, *Erfolgsfaktor Assistenz*, Fit for Future,
https://doi.org/10.1007/978-3-658-50545-5_5

Wir kennen Verena aber auch als meinungsstarke Stimme auf LinkedIn und deswegen wollte ich gerne ihre Einschätzung zur Marktsituation für dieses Buch bekommen.

- **Verena, was ist dein Blick auf das Executive Office der Zukunft?**

Verena: Als langjährige Personalberaterin beobachte ich, dass New Work, Digitalisierung und künstliche Intelligenz das Arbeiten grundlegend verändern. Globale Teams arbeiten hybrid und virtuell zusammen; die Pandemie hat diesen Wandel massiv beschleunigt. Damit wächst auch die Bedeutung der Assistenz. Aus einer rein administrativen Unterstützung ist eine Rolle geworden, die Prozesse gestaltet, Entscheidungen vorbereitet und aktiv an der Strategie mitwirkt. Digitale Kompetenz, der souveräne Umgang mit KI-Tools und Soft Skills wie Kommunikationsstärke und emotionale Intelligenz sind heute unverzichtbar.

Ich sehe, dass Unternehmen zunehmend ein Executive Office etablieren. Dort arbeiten CEO, Chief of Staff (CoS) und Assistenz partnerschaftlich zusammen: Der CEO definiert die Vision, der CoS leitet strategische Initiativen und die Assistenz fungiert als organisatorische/koordinierende Brücke zwischen Strategie und Tagesgeschäft. Diese Zusammenarbeit setzt Vertrauen, geteilte Führungsverantwortung und konsequente Weiterbildung voraus. Je nach Unternehmensgröße ergänzen weitere Spezialist:innen, z. B. Projektmanager:innen oder Data-Analyst:innen das Team.

- **Braucht es Assistenz und/oder Chief of Staff?**

Verena: Ob eine Organisation nur eine Assistenz, eine:n Chief of Staff oder beide Rollen braucht, hängt von Größe, Entwicklungsstand und Komplexität ab. Kleine Firmen oder Start-ups kommen oft mit einer engagierten Executive

Assistant zurecht; wachsende oder international ausgerichtete Organisationen profitieren von einer CoS-Rolle, die als strategische Denkpartner:in fungiert. In meiner Beratungspraxis sehe ich, dass CoS-Positionen vor allem in Konzernen und größeren Mittelständlern ausgeschrieben werden, während Start-ups entsprechende Strukturen im Zuge ihres Wachstums erst nach und nach etablieren. Es gibt aber auch Gründer:innen, die von Beginn an auf administrative Assistenz verzichten und sich direkt eine:n Chief of Staff an die Seite holen.

Eine Koexistenz beider Rollen macht besonders in komplexen Umgebungen Sinn. Die Assistenz organisiert das Tagesgeschäft, koordiniert Termine und Informationen und sorgt für reibungslose Abläufe. Der CoS arbeitet strategisch, leitet funktionsübergreifende Projekte und bereitet Entscheidungen vor. Beide Rollen ergänzen sich, indem die Assistenz das Tagesgeschäft stabil hält und der CoS den Blick auf übergeordnete Ziele richtet.

• Wie unterscheiden sich die Rollen?

Verena: Assistenzrollen sind traditionell administrativ geprägt: Sie planen Termine, organisieren Meetings, koordinieren Projekte und halten die Fäden im Tagesgeschäft zusammen. Viele moderne Assistenzen treten zudem als Executive Business Partner auf – ein hybrider Mix aus administrativer Unterstützung und proaktivem Business Partnering, der Schnittstellen managt und Prozesse optimiert. Entscheidend ist, dass Assistenzrollen in erster Linie im Jetzt agieren und die Führungsebene entlasten.

Chief-of-Staff-Rollen übernehmen eine strategische und taktische Verantwortung. Sie sind Teil des Führungsteams, reisen mit dem CEO, begleiten aller Managementsitzungen, überwachen sowohl OKRs wie KPIs und nutzen die Autorität der Geschäftsleitung, um bereichsübergreifende

Projekte voranzutreiben. Der CoS bündelt Prioritäten, koordiniert Initiativen und bereitet Entscheidungen vor. Er reflektiert gemeinsam mit dem CEO komplexe Fragestellungen, bringt einen bereichsübergreifenden Blick ein und hilft dabei, Vision und Strategie in konkrete Maßnahmen zu übersetzen. Während die Assistenz die Gegenwart sichert, begleitet der CoS den Weg in die Zukunft und stellt sicher, dass strategische Ziele operativ verankert werden.

Innerhalb der Assistenzfunktion erschwert die Vielzahl an Bezeichnungen die Abgrenzung und das Verständnis. Laut der World Administrators Alliance existieren weltweit ca. 130 verschiedene Jobtitel für administrative Berufe. Deshalb ordnet die Global Skills Matrix Rollen anhand von fünf Levels – vom Entry-Level über Transactional und Transactional + Strategic bis hin zu Strategic und schließlich zur CoS oder Leadershipebene. Statt sich an Titeln zu orientieren, sollten Unternehmen und Assistenzen die konkreten Verantwortlichkeiten und den erwarteten Impact definieren. Der Begriff Office Professionals wird häufig als Oberbegriff verwendet; er unterstreicht, dass die verschiedenen Titel keine geschützten Begriffe sind.

- **Welchen Feinschliff braucht es für die Transformation von der Senior EA zur Chief of Staff?**

Verena: Der Schritt von der Senior Executive Assistant zur Chief of Staff ist selten eine reine Beförderung – er ist eine Transformation! Neben der tiefen Kenntnis des Unternehmens müssen neue Kompetenzen aufgebaut werden:

1. Strategische Weitsicht: Senior Assistants sollten lernen, über das Tagesgeschäft hinauszudenken. BWL-, Finanz- oder Rechtskenntnisse helfen dabei, langfristige Ziele zu definieren und Maßnahmen abzuleiten.

2. Projekt- und Changemanagement: CoS leiten bereichsübergreifende Vorhaben. Erfahrungen im agilen Projektmanagement und in der strukturierten Steuerung von Veränderungsprozessen sind daher unerlässlich.
3. Führung und Moderation: CoS führen normalerweise ohne direkte disziplinarische Verantwortung. Sie moderieren Teams, lösen Konflikte und bereiten Entscheidungen vor. Zuhören, Feedback einzuholen und unterschiedliche Interessen auszubalancieren sind zentrale Fähigkeiten.
4. Analytische Kompetenz: Datengetriebene Entscheidungen sind Standard. CoS sollten Analysen durchführen oder interpretieren können und Trends erkennen, um fundierte Empfehlungen abzuleiten.
5. Netzwerk und Sichtbarkeit: Der Sprung gelingt leichter, wenn die Führungskraft das Potenzial erkennt. Mentoring, Networking und spezialisierte Weiterbildungen – etwa CoS-Communities oder Zertifikatslehrgänge – unterstützen den Rollenwechsel.
6. Mindset und Mut: Der Wechsel erfordert ein neues Selbstverständnis. Offenheit für neue Technologien, lebenslanges Lernen und der Mut, Verantwortung zu übernehmen, sind entscheidend.

- **Welche Skill-Anforderungen hörst du von deinen Kund:innen aktuell?**

Verena: Unternehmen stellen hohe Erwartungen an Office Professionals. Die folgenden Kompetenzen werden besonders häufig nachgefragt:

- Technologische Kompetenz und KI-Affinität: Digitale Tools, Automatisierung und künstliche Intelligenz gehören zum Alltag. Moderne Assistenzen müssen souverän

mit Kalender- und Projekttools und virtuellen Meeting-
plattformen umgehen können.
- Adaptabilität und Agilität: In einer dynamischen, oft virtuellen Umgebung sind Flexibilität und Veränderungsbereitschaft zentral. Dazu gehört der Umgang mit hybriden Arbeitsmodellen, mehreren Zeitzonen und sich stetig wandelnden Prozessen.
- Emotionale Intelligenz und Kommunikation: Empathie, Beziehungspflege und starke verbale sowie schriftliche Kommunikation sind klare Wettbewerbsvorteile. Assistenzen sollten aktiv zuhören, Netzwerkpflege betreiben und mit unterschiedlichen Stakeholdern souverän interagieren.
- Kultur- und globale Awareness: Global agierende Unternehmen verlangen interkulturelle Kompetenz und die Fähigkeit, internationale Teams zu koordinieren.
- Kontinuierliche Weiterbildung und Networking: Topassistenzen investieren in ihre fachliche und persönliche Entwicklung und sind in professionellen Netzwerken aktiv.
- Strategisches und unternehmerisches Denken: Executive Assistants und Executive Business Partner sollten die Unternehmensstrategie nachvollziehen können, vorausschauend arbeiten und Managemententscheidungen nicht nur ausführen, sondern auch proaktiv unterstützen und mitgestalten.

- **Verena, ich danke dir für das Gespräch.**

5.2   Aktueller Markteinblick

Während ich dieses Buch schreibe und die Themen recherchiere, ist der Markt leider herausfordernd. Durch die Herausforderungen der globalen Wirtschaft gibt es mehr Bewerbende auf dem Markt und nicht genügend offene Vakanzen. Es sind viele hochqualifizierte Bewerbende auf dem Jobmarkt. Dies macht es derzeit leider auch nicht einfacher, die Gehälter einzufordern, die man wert ist. Zumal haben Unternehmen durch die Fülle der Bewerbungen eine große Auswahl im Rekrutierungsprozess.

Ich erlebe daher, dass mehr und mehr Assistenzen sich „Sidekicks" aufbauen und Plan B angehen, vielleicht einmal ganz in die Selbstständigkeit zu gehen, wie es auch einst mein Weg war. Ich kann dieser Vorgehensweise nur mit Nachdruck zustimmen, die Karriere sollte immer in unserer eigenen Hand sein. Wir allein definieren, wie Karriere auszusehen hat. Das starre Abwarten und Ausharren in einer Firma, die uns gestaltet wie sie möchte, ist nicht zukunftsfähig. Auch wenn sicherlich einige von meiner Leserschaft für Stabilität und Sicherheit stehen, lohnt der Blick über den Tellerrand gerade in diesen Zeiten. Ich treffe regelmäßig auf Assistenzen, die sich als virtuelle Assistenz selbstständig gemacht haben. Darüber habe ich im Übrigen bereits in meinem Buch „Die Assistenz in der digitalen Transformation" vor einigen Jahren geschrieben. Ich habe den Trend damals bereits kommen sehen und der Markt hat Bedarf gemeldet. Aber auch im Coaching, Mentoring und Trainingsbereich sind Assistenzen stärker eingetaucht. Manchmal eben als „Sidekick", manchmal aber auch mit der Motivation, daraus mehr zu machen.

Melanie Habel ist für mich ein nennenswertes Beispiel. Früher festangestellte Assistenz, nun seit einigen Jahren erfolgreiche virtuelle Assistenz in der Selbstständigkeit. Sie hat ihr Portfolio der Assistenzunterstützung (Officemanagement, LinkedIn-Support, Recherchetätigkeit, Lektorat bei Publikationen etc.) ausgebaut und gibt nun auf LinkedIn und in Workshopformaten ihr Officewissen rund um Effizienz, Produktivität, Tools und KI weiter. Wirklich toll, was sich da alles entwickelt hat und Melanie ist nur ein Beispiel von vielen, die mutig sind, neue Wege zu ergründen. Mehr zu Melanie findest du hier: https://www.melanie-habel.de/.

Ich bin immer noch selbst überwältigt, wenn ich daran denke, dass meine Selbstständigkeit nun 10 Jahre alt ist. Hätte mir jemand gesagt, wie sich mein Weg entwickelt, ich hätte laut gelacht und gesagt: „Mir geht es doch gut in meinem Job. Warum sollte ich selbstständig werden?"

Wo stehst du aktuell? Fehlt dir etwas? Wenn ja, was ist dein nächster Schritt? Ist es die nächste Stelle in der Festanstellung? Ist es der Wunsch nach mehr Freiheit und mehr virtuellem Arbeiten oder gar der Schritt weg vom Angestelltensein? Ich würde mich freuen, wenn du mir schreibst und deine Gedanken mit mir teilst. Kontaktiere mich gerne über LinkedIn.

5.3 Mögliche Karriereszenarien

Immer wieder begegnen mir in meiner täglichen Arbeit mit Executive Support Professionals spannende Geschichten und Szenarien. Manch lösen sich einfacher, andere weniger. Einige dieser Beispiele möchte ich gerne hier teilen, verknüpft mit einem Einblick in meinen Coachingansatz. Vielleicht findest du dich ja auch in einer ähnlichen Situation wieder und kannst von den Strategien profitieren.

5.3.1 Szenario 1: Der Weg zur Chief of Staff

Ausgangslage (mit fiktivem Namen und Angaben zum Unternehmen)

Claudia ist seit acht Jahren Assistenz der Geschäftsleitung in einem mittelständischen Technologieunternehmen. Sie denkt strategisch, kennt alle internen Prozesse, ist hervorragend vernetzt und übernimmt längst Aufgaben, die über klassische Assistenz hinausgehen wie Projektsteuerung, interne Kommunikation, Changebegleitung. Ihr Ziel ist die Rolle des Chief of Staff. Doch ihr Vorgesetzter sieht darin keinen Mehrwert. Wozu brauchen wir das? Du machst doch schon alles. Claudia fühlt sich ausgebremst und beginnt, an sich zu zweifeln und hegt erste Gedanken, sich extern zu bewerben.

Coachingziele, die wir festgelegt haben
- Selbstbild stärken: Von der unsichtbaren Macherin zur strategischen Sparringspartnerin
- Klarheit über die Rolle Chief of Staff und deren Nutzen für das Unternehmen
- Entwicklung eines Kommunikationskonzepts zur Positionierung beim Chef

Meine Empfehlungen und Aufgaben für Claudia
1. Rollenklärung und Selbstpositionierung

   - Gemeinsam erarbeiten wir ein klares Rollenprofil für Chief of Staff: Was sind die Aufgaben, was ist der strategische Mehrwert?
   - Claudia reflektiert ihre bisherigen Leistungen und identifiziert, wo sie bereits in dieser Rolle agiert, nur ohne Titel.

2. Business Case entwickeln

   - Wir erstellen ein Pitch Deck: Welche Herausforderungen hat das Unternehmen? Wie kann die Rolle Chief of Staff diese adressieren?
   - Claudia formuliert konkrete Mehrwerte: z. B. bessere Entscheidungsgrundlagen, Entlastung der Führungsebene, effizientere interne Kommunikation.

3. Chef als Stakeholder verstehen

- Wir analysieren den Führungsstil und die Bedürfnisse des Chefs: Was treibt ihn an? Was sind seine Ängste?
- Claudia lernt, ihre Argumentation auf seine Perspektive auszurichten. Wichtig: Nicht auf ihre Wünsche, sondern auf seinen Nutzen.

4. Strategische Kommunikation

- Claudia übt, ihre Rolle nicht als Beförderung, sondern als Business Upgrade zu kommunizieren.
- Wir entwickeln eine Gesprächsstrategie mit konkreten Beispielen, KPIs und einem Pilotprojektvorschlag.

5. Netzwerk aktivieren

- Claudia identifiziert interne und externe Unterstützer:innen, die ihre Positionierung stärken.
- Sie beginnt, sich in Leadershipformaten zu zeigen und ihre Sichtbarkeit zu erhöhen.

Ergebnis
Nach drei Monaten Coaching präsentiert Claudia ihrem Chef ein klares Konzept. Er erkennt, dass die Rolle nicht nur Claudias Entwicklung dient, sondern auch seine eigene Entlastung und die Zukunftsfähigkeit des Unternehmens stärkt. Sie startet mit einem sechsmonatigen Pilotprojekt als Executive Coordinator mit klarer Perspektive auf die Chief-of-Staff-Rolle.

5.3.2 Szenario 2: Vom Teammitglied zur fachlichen Leitung

Ausgangslage (mit fiktivem Namen und Angaben zum Unternehmen)

Sophie ist seit sechs Jahren Assistenz des Vorstands in einem internationalen Handelsunternehmen. Sie ist strukturiert, empathisch und kennt die internen Abläufe wie ihre Westentasche. Im Unternehmen gibt es ein fünfköpfiges Assistenzteam, das bisher ohne formale Führung arbeitet. Sophie spürt, dass das Team Potenzial verschenkt: Doppelarbeiten, fehlende Standards, geringe Sichtbarkeit. Sie möchte die fachliche Leitung übernehmen, nicht als Chefin, sondern als koordinierende Instanz. Doch sie hat Sorge, wie die Kolleginnen reagieren. Und ihr Vorgesetzter ist unsicher, ob das nötig ist.

Coachingziele, die wir festgelegt haben
- Klärung der Rolle fachliche Leitung und Abgrenzung zur disziplinarischen Führung
- Entwicklung eines Leadershipmindsets: Führen ohne Macht
- Aufbau eines tragfähigen Kommunikationskonzepts für Chef und Team

Meine Empfehlungen und Aufgaben für Sophie
1. Rollenverständnis schärfen

  - Wir definieren gemeinsam, was fachliche Leitung bedeutet: Koordination, Qualitätssicherung, Schnittstelle zur Führungsebene.
  - Sophie lernt, wie sie Verantwortung übernehmen kann, ohne Hierarchie zu betonen, und zwar durch Klarheit, Struktur und Vertrauen.

2. Selbstführung und Leadershipmindset

- Sophie reflektiert ihre Stärken und entwickelt ein Selbstbild als Enablerin für das Team.
- Wir arbeiten an ihrer inneren Haltung: Führung beginnt bei sich selbst mit Klarheit, Haltung und Kommunikation.

3. Teamdynamik verstehen

- Wir analysieren die Teamstruktur: Wer hat welche Stärken, wer braucht was?
- Sophie entwickelt ein Konzept für gemeinsame Standards, Rollenklärung und regelmäßige Teamformate, z. B. Jour fixe, Wissenssharing, Feedbackrunden.

4. Stakeholderkommunikation

- Sophie bereitet ein Gespräch mit ihrem Vorgesetzten vor. Sie zeigt auf, wie die fachliche Leitung Effizienz, Qualität und Sichtbarkeit steigert.
- Wir entwickeln eine Argumentationslinie, die auf den Nutzen für das Unternehmen fokussiert und nicht auf persönliche Karrierewünsche.

5. Changekommunikation im Team

- Sophie plant einen transparenten Kommunikationsprozess im Team: Warum diese Rolle? Was ändert sich und was nicht?
- Wir üben, wie sie ihre Kolleginnen einbindet, Ängste nimmt und gemeinsam neue Strukturen entwickelt.

Ergebnis

Nach dem Coaching präsentiert Sophie ihrem Chef ein Konzept für die fachliche Leitung inklusive klarer Ziele, Teamformaten und einem Evaluationsplan. Der Chef gibt grünes Licht für die Umsetzung im nächsten Quartal. Im Team entsteht neue Klarheit, die Zusammenarbeit verbessert sich spürbar. Sophie wird zur anerkannten Koordinatorin und zur internen Botschafterin für moderne Assistenzführung.

5.3.3 Szenario 3: Sichtbarkeit durch Moderation

Ausgangslage (mit fiktivem Namen und Angaben zum Unternehmen)

Jonas ist Assistenz der Bereichsleitung in einem Beratungsunternehmen in Berlin. Er ist kommunikativ, strukturiert und denkt prozessual. In Meetings ist er bislang nur punktuell eingebunden, meist für Protokolle, Organisation oder Nachbereitung. Doch Jonas erkennt: Viele Meetings sind ineffizient, es fehlt an Struktur, Zielorientierung und Nachverfolgung. Er möchte aktiver teilnehmen und bietet an, die Moderation zu übernehmen. Seine Chefin ist skeptisch: „Das ist doch Aufgabe der Führungskräfte." Jonas steht vor der Herausforderung, seinen Mehrwert sichtbar zu machen, ohne sich aufzudrängen.

Coachingziele, die wir festgelegt haben
- Entwicklung eines strategischen Pitches für die Moderationsrolle
- Stärkung des Selbstverständnisses als Prozessgestalter
- Aufbau von Moderationskompetenz und Meetingdesign

Meine Empfehlungen und Aufgaben für Jonas
1. Rollenverständnis erweitern

   - Wir definieren gemeinsam, was Moderation bedeutet: Struktur geben, Beteiligung fördern, Ergebnisse sichern.

- Jonas erkennt für sich, dass Moderation keine Hierarchiefrage ist, sondern eine Kompetenzfrage und eine Chance zur Sichtbarkeit.

2. Meetinganalyse und Business Case

- Jonas analysiert typische Meetingformate im Unternehmen: Was läuft gut, was nicht?
- Wir entwickeln einen Mini-Business-Case. Wie kann professionelle Moderation Zeit sparen, Entscheidungen verbessern und die Führung entlasten?

3. Pitch vorbereiten

- Jonas formuliert einen konkreten Vorschlag: z. B. „Ich übernehme die Moderation für das wöchentliche Projektmeeting mit klarer Agenda, Timekeeping und Ergebnisdokumentation.“
- Wir üben, wie er den Vorschlag als Beitrag zur Effizienz und Teamkultur präsentiert und nicht als persönliche Ambition.

4. Moderationskompetenz aufbauen

- Jonas lernt Tools und Techniken kennen wie Fragetechniken, Visualisierung und Umgang mit Konflikten.
- Wir entwickeln einen Moderationsleitfaden für verschiedene Meetingtypen inklusive Agendadesign, Rollenverteilung und Follow-up.

5. Pilotphase und Feedbackkultur

- Jonas startet mit einer Pilotmoderation in einem internen Projektmeeting.
- Er holt Feedback ein, reflektiert Wirkung und entwickelt ein Format für kontinuierliche Verbesserung.

Ergebnis

Nach dem Coaching übernimmt Jonas die Moderation für ein wöchentliches Projektmeeting. Die Meetings werden strukturierter, kürzer und produktiver. Führungskräfte erkennen den Mehrwert und bitten ihn, auch andere Formate zu übernehmen. Jonas wird zum internen Meetingarchitekt und positioniert sich als Prozessgestalter mit Leadership-qualitäten. Seine Chefin denkt über den mittelfristigen nächsten Karriereschritt für Jonas nach.

Vielleicht passen die Beispiele auch für dich und du findest dich in ähnlichen Situationen wieder. Vielleicht aber auch nicht. Das Schöne ist ja, dass wir sehr unterschiedlich in unsere Entwicklungen schauen, und der Trainingsmarkt offeriert uns neue Möglichkeiten, Assistenz anders zu denken.

- Die Assistenz als Feelgood-Manager:in
- Die Assistenz als HR-Expert:in
- Die Assistenz als Culture-Manager:in
- Die Assistenz als Scrum Master
- Die Assistenz als Agile Coach
- Die Assistenz als interner Health Coach
- Die Assistenz als Change Agent
- Die Assistenz als Sustainability Agent
- Die Assistenz in der Mediation

Man braucht sich nur die einschlägigen Seminaranbieter anzuschauen und welche Expertenschienen wir dort mittlerweile finden. Dennoch wird weiterhin die Generalistenrolle für viele Firmen relevant bleiben in der Assistenz. Vielleicht halten wir es abschließend einfach so fest. Die Assistenz bleibt Generalist, aber mit unterschiedlichen Special Effects. Ich bin gespannt, welche Special Effects du in diesem Jahr für dich entdecken und weiterverfolgen wirst.

5.4   Chief of Staff

Nun haben wir bereits mehrfach den Begriff Chief of Staff gelesen und nicht alle sind vielleicht darin firm, somit möchte ich in diesem Kapitel auf das Rollenbild eingehen und insbesondere aufklären, wie sich Chief of Staff und Executive Assistant unterscheiden (vgl. Tab. 5.1).

Ein Chief of Staff (CoS) ist die strategische rechte Hand der Unternehmensleitung, meist der CEO, und hilft, Entscheidungen, Kommunikation und Prozesse effizienter zu gestalten. Die Person agiert als Sparringspartner:in, Integrator:in und Vermittler:in zwischen Führung und Belegschaft.

Rolle und Ursprung
- Die Position stammt ursprünglich aus dem Militär und der Politik (z. B. Stabschef:in im Kanzler:innenamt oder beim US-Präsidenten).
- Im Unternehmenskontext ist der CoS keine Assistenz, sondern Teil des Senior-Leadership-Teams, oft direkt dem CEO unterstellt.

Aufgaben und Wirkung
Ein Chief of Staff übernimmt keine operativen Routinen, sondern gestaltet strategische Abläufe und unterstützt die Führung in komplexen Situationen:

- Strategische Beratung: Hilft der Führung, Prioritäten zu setzen, Entscheidungen vorzubereiten und Perspektiven zu erweitern.
- Kommunikationsdrehscheibe: Sorgt für einen reibungslosen Informationsfluss zwischen Management und Mitarbeitenden.
- Projektsteuerung: Leitet oder begleitet Schlüsselprojekte, oft bereichsübergreifend.

Tab. 5.1 Rollen im strategischen Zusammenspiel

Rolle	Kernfunktion	Fokus	Typische Aufgaben	Wirkung im Unternehmen
Assistenz	Operative Entlastung und kommunikative Brücke	Organisation & Kommunikation	Kalenderpflege, Reiseplanung, Meetingvorbereitung, Informationsmanagement, interne Kommunikation	Sichert reibungslose Abläufe, stärkt Führung durch Verlässlichkeit und Überblick
Chief of Staff	Strategische:r Integrator:in und Sparringspartner:in der Führung	Strategie & Umsetzung	Projektsteuerung, Priorisierung, Entscheidungsvorbereitung, Schnittstellenmanagement, Changebegleitung	Erhöht Wirksamkeit der Führung, verbindet Vision mit Umsetzung, stärkt interne Kohärenz
Management	Führung und Steuerung des Unternehmens	Vision & Verantwortung	Zieldefinition, Ressourcenverteilung, Personalführung, externe Kommunikation, strategische Entscheidungen	Gibt Richtung vor, verantwortet Ergebnisse, repräsentiert das Unternehmen nach außen

- Krisenmanagement: Koordiniert Maßnahmen und Kommunikation in turbulenten Zeiten.
- Prozessoptimierung: Analysiert interne Abläufe und schlägt Verbesserungen vor.
- Vertraute:r und Integrator:in: Hilft als zweites Gehirn der Führung, politische Interessen zu filtern und das Big Picture im Blick zu behalten.

Fähigkeiten und Qualitäten
Eine erfolgreiche Chief of Staff bringt mit:

- Strategisches Denken und Führungskompetenz
- Kommunikationsstärke und Diskretion
- Facilitation und Moderation
- Komplexitätsmanagement und Integrationsfähigkeit

Nutzen für Unternehmen
- Entlastung der Führungsebene: Die Unternehmensleitung kann sich auf Vision und Außenwirkung konzentrieren.
- Effizienzsteigerung: Entscheidungen werden schneller und fundierter getroffen.
- Kulturvermittler:in: Stärkt Vertrauen und Transparenz zwischen Management und Teams.
- Neutraler Blick: Bringt eine übergreifende Perspektive ein, da nicht an einzelne Abteilungen gebunden.

5.4.1 Assistenz oder Chief of Staff?

Ich treffe in meiner Arbeit immer wieder auf Führungskräfte, die sich nicht ganz im Klaren sind, was sie eigentlich an Entlastung brauchen und suchen. Mehr Assistenz oder mehr Chief of Staff. Dazu können diese Reflexionsfragen vielleicht helfen.

Reflexionsfragen

1. Art der Entlastung

- Brauche ich Unterstützung bei operativen Aufgaben wie Kalender, Reisen, Meetings, Dokumentation?
- Oder geht es um strategische Entlastung, z.B. Priorisierung, Projektsteuerung, Entscheidungsvorbereitung?

2. Kommunikation und Schnittstellen

- Wer filtert und strukturiert für mich die interne Kommunikation?
- Wer hilft mir, bereichsübergreifende Interessen zu integrieren und Konflikte zu moderieren?

3. Vertrauen und Nähe

- Habe ich eine Person, die meine Gedanken mitdenkt, mich herausfordert und loyal begleitet?
- Brauche ich eine Vertrauensperson, die meine Haltung versteht und mitträgt, und zwar operativ oder strategisch?

4. Komplexität und Steuerung

- Stehe ich vor komplexen Projekten, Changeprozessen oder strategischen Entscheidungen?
- Wer hilft mir, das Big Picture zu behalten und gleichzeitig Details zu orchestrieren?

5. Rollenverständnis und Wirkung

- Möchte ich eine Person, die sichtbar für mich agiert, z.B. in Meetings, Projekten, Stakeholderkommunikation?
- Oder suche ich eher eine unsichtbare Kraft im Hintergrund, die mir den Rücken freihält?

> 6. Zukunft und Skalierung
>
> - Plane ich, mein Unternehmen oder meine Rolle strategisch weiterzuentwickeln?
> - Brauche ich jemanden, der mitwächst, mitdenkt und mich langfristig begleitet?

5.4.2 Wie werde ich Chief of Staff?

In der Unternehmenswelt agiert der Chief of Staff maßgeblich für die Gestaltung und Pflege der Führungskultur. Viele Personen, die diese Position innehaben, wechseln später in Managementfunktionen, teils direkt ins C-Level, da die Rolle als strategisches Karrieresprungbrett gilt. Besonders in Start-ups und Tech-Unternehmen ist der Chief of Staff oft Mitgründer:in oder die erste strategische Einstellung nach dem CEO, um frühzeitig Struktur, Fokus und operative Exzellenz ins Führungsteam zu bringen.

Prominente Beispiele für Chief of Staffs finden sich sowohl in der Politik als auch in der Unternehmenswelt, oft als strategische Schlüsselpersonen hinter bekannten Führungskräften.

Hier sind einige bekannte Namen und Kontexte:
Politik:

- Ron Klain, Chief of Staff von US-Präsident Joe Biden (bis 2023), galt als Architekt hinter Bidens Agenda, koordinierte das Weiße Haus in Krisenzeiten (Pandemie, Ukraine-Krieg).
- Angela Merkel hatte mit Beate Baumann eine langjährige Vertraute, die als Leiterin des Kanzlerinbüros eine ähnliche Rolle wie eine Chief of Staff übernahm. Diskret, strategisch, loyal.

Wirtschaft:

- Sheryl Sandberg hatte bei Meta (Facebook) eine enge Zusammenarbeit mit ihrem Chief of Staff, Kimberly A. Hammonds, die zuvor auch bei der Deutschen Bank und Boeing tätig war.
- Satya Nadella, CEO von Microsoft, arbeitet mit einem strategischen Leadershipteam, in dem CoS-Rollen oft als Corporate Strategy Officer oder Executive Business Manager bezeichnet werden.

Aber auch in deutschen Unternehmen ist die Position immer präsenter, sowohl auf Corporate-Ebene wie bei der Allianz und Siemens sowie in den Start-ups. Persönlichkeiten wie Unternehmerin, Investorin und Vorstandsvorsitzende des Start-up-Verbands, Verena Pausder, arbeitet mit Chief of Staff und Assistenz und hat den Mehrwert beider Rollen verstanden und in ihre Arbeit integriert.

Falls dieser Karriereweg auch deiner werden sollte, dann darf ich dir die erste hochschulzertifizierte Ausbildung „Chief of Staff (HdWM)" von der Haufe Akademie ans Herz legen. Ein hybrides Format mit Fokus auf Präsenz und wertvollem Liveaustausch.

Inhalte:
- Modularer Aufbau: Die Zertifizierung besteht aus einem Basismodul und einem Aufbaumodul. Erst nach Abschluss des Basismoduls kannst du das Aufbaumodul belegen und die Zertifizierung erhalten.
- Inhalte des Aufbaumoduls:

  - Projektkompetenz: Strategisches Projektmanagement, Stakeholderkommunikation, Risikomanagement
  - Strategiekompetenz: Geschäftsmodelle, Marktanalyse, strategische Tools

- Führungswissen: Grundlagen der Führung, Delegation, Moderation
- Datenkompetenz & KI: Datenanalyse, digitale Tools, Remote-Umgebungen

- Abschluss: Kollegiales Fachgespräch, Kolloquium und Präsentation im Plenum mit Zugang zu einem internationalen Chief-of-Staff-Netzwerk.
- Zielgruppe: (Senior) Executive Assistants, Projektmanager:innen, Referent:innen und Hochschulabsolvent:innen mit Ambitionen zur strategischen Führungsrolle.

Weitere Highlights der Ausbildung:
- Praxisnähe: Übungen, Checklisten, Erfahrungsaustausch im Klassenverband
- Netzwerkzugang: Internationale CoS-Community, inklusive Impulse von Expert:innen wie Ann Hiatt und der World Administrators Alliance
- Positionierung: Die Rolle wird im Kontext der Global Skills Matrix verortet mit Fokus auf Sichtbarkeit, strategische Wirkung und Karriereentwicklung.

In der modernen Unternehmensführung entsteht auch mittlerweile im deutschsprachigen Raum ein neues orchestriertes Zusammenspiel: CEO, Assistenz und Chief of Staff bilden ein strategisches Triumvirat, das nicht nur operativ funktioniert, sondern kulturell wirkt. Dieses Dreieck ist ein dynamisches Resonanzsystem, ein kollektives Gehirn, das denkt, fühlt und handelt.

Die klassische Trennung zwischen „führend" und „unterstützend" weicht einem neuen Verständnis von Führung als geteiltem Raum. Die Assistenz ist nicht mehr nur die rechte Hand, sondern die strategische Stimme im Hintergrund. Der Chief of Staff ist nicht nur Koordinator:in, sondern Taktgeber:in für Prioritäten, Prozesse und politische

Sensibilität. Und die CEO? Wird zur kuratierenden Führungspersönlichkeit, die auf Resonanz und Reflexion setzt.

5.5   Das CEO-Office der Zukunft: Ein Dreiklang aus CEO, Assistenz und Chief of Staff?

Jedes CEO-Büro hat einen unterschiedlichen Bedarf. Ich beobachte das intensiv bei meinen Corporate-Kunden. Viele sind mittlerweile übergegangen, mit Assistenz und Chief of Staff zu agieren. Das ist großartig, bedarf aber klaren Spielregeln. Und im Team selbst muss geklärt sein, wer welchen Tanzbereich abdeckt und wer nicht. Hat man eine starke Assistenz mit Ambitionen zu mehr strategischer Arbeit, kann das Konstrukt herausfordernd werden. Sind die Fronten klar geregelt, kann wahre Magie geschehen und die Führungskraft erlebt das höchste Maß an Kompetenz und Unterstützung.

Lasst uns beim Thema Dreiklang CEO, Chief of Staff und Assistenz gerne das Bild eines Orchesters nutzen. Meine Freundin Ann Hiatt hat dies vor vielen Jahren bereits in ihrer Veranschauung der Chief-of-Staff-Rolle einfließen lassen. Sie selbst hat über 10 Jahre als Chief of Staff für den Google-Chairman Eric Schmidt gearbeitet und die Rolle bei Google sogar eingeführt und etabliert. Auch in ihrer Zeit als Assistentin von Jeff Bezos konnte sie bereits tiefgreifende Einblicke in Leadershipstrukturen erhalten. Ich empfehle wärmstens ihr Buch „Bet on yourself".

Das CEO-Office der Zukunft gleicht einem hochkarätigen Orchester. Es ist komplex, fein abgestimmt und voller Dynamik. In dieser Metapher ist der Chief of Staff die Dirigentin und somit entscheidend für den Klang. Sie setzt die Einsätze, hält das Tempo, sorgt für Balance zwischen den Stimmen. Der CEO ist der Komponist, mit Vision, Ausdruck und Richtung. Und die Assistenz? Sie ist die Konzertmeisterin: Nah an der Dirigentin, nah am Ensemble, mit feinem Gespür für Stimmung, Präzision und Verbindung.

5.5.1 Rollenverständnis im musikalischen Zusammenspiel

- CEO: Gibt die Komposition vor, die strategische Richtung, die kulturelle Tonalität, die großen Themen.
- Chief of Staff: Dirigiert das Zusammenspiel der Führungskräfte, priorisiert Themen, moderiert Spannungen. Sie oder er sorgt dafür, dass die Partitur nicht nur gespielt, sondern verstanden wird.
- Assistenz: Als Konzertmeisterin hält sie oder er das Ensemble zusammen, stimmt die Instrumente, gibt nonverbale Impulse. Sie oder er kennt jede Stimme, jede Pause, jede Nuance und sorgt dafür, dass das Stück nicht nur funktioniert, sondern berührt.

Noch weiter ausgereift bedeutet das:
Chief of Staff = Dirigentin

- Strategische Leitung: Die CoS sorgt dafür, dass alle Führungskräfte im Takt bleiben, und zwar mit klarer Vision, abgestimmten Prioritäten und synchronisierten Prozessen.
- Kommunikative Brücke: Wie die Dirigentin zwischen Komponist und Musikern, vermittelt der CoS zwischen CEO und Team.
- Gestik statt Mikromanagement: Der CoS gibt Impulse, schafft Raum für Eigenverantwortung und achtet auf Dynamik und Timing.

Assistenz = Konzertmeisterin

- Operative Exzellenz: Die Assistenz sorgt dafür, dass Meetings gestimmt sind, Informationen fließen und die Führungskraft glänzen kann.
- Führung durch Präsenz: Wie die Konzertmeisterin gibt sie das Zeichen zum Stimmen, hält den Takt im Alltag und ist oft die erste Ansprechpartnerin für das Team.
- Übersetzerin der Vision: Sie versteht die strategischen Impulse und bringt sie durch Kalenderführung, Priorisierung, Kommunikation und Struktur in den Alltag.

Warum diese Metapher trägt:

- Sie macht sichtbar, dass Führung ein Zusammenspiel ist und kein Solo.
- Sie würdigt die Arbeit der Assistenz als verbindende Kraft.
- Sie zeigt, dass der Chief of Staff nicht über, sondern mit dem Team dirigiert mit Blick auf Wirkung, Timing und Resonanz.

> **Reflexionsfrage für die Assistenz**
>
> Wo in meinem Alltag agiere ich wie eine Konzertmeisterin? Wie kann ich meine Rolle bewusst gestalten, zwischen Präzision, Verbindung und Führung ohne formale Macht?

Diese Rollen leben von Vertrauen, Klarheit und der Fähigkeit, sich gegenseitig zu spiegeln und zu challengen.

Szenenwechsel: Die Zukunft in Aktion

Ein Montagmorgen im CEO-Office der Zukunft. Der Assistenz hat bereits die Agenda kuratiert, nicht nur Termine, sondern Themen, Spannungen, Chancen. Die Chief of

Staff kommt aus einem vertraulichen Gespräch mit dem Bereichsleiter Finanzen und bringt eine strategische Frühwarnung mit. Die CEO betritt den Raum, hört zu, fragt, reflektiert. Gemeinsam entsteht ein Plan, der nicht nur reaktiv ist, sondern proaktiv, getragen von drei Perspektiven, drei Temperamenten, drei Rollen.

Für diese Form der Zusammenarbeit braucht es neue Fähigkeiten, nicht nur bei der Assistenz, sondern im gesamten CEO-Office:

- Systemisches Denken: Verstehen, wie Entscheidungen, Emotionen und Machtstrukturen zusammenwirken.
- Reflexionskompetenz: Die Fähigkeit, sich selbst und andere zu spiegeln, ohne Urteil, aber mit Wirkung.
- Kommunikationsintelligenz: Zwischen den Zeilen lesen, Spannungen moderieren, Narrative gestalten.
- Verantwortungsübernahme ohne formale Macht: Wirksam sein durch Haltung, nicht durch Titel.

5.5.2 Mehrwert für die CEO-Person im Dreiklang

1. Strategische Tiefenschärfe

Durch die strukturierte Vorarbeit des Chief of Staff und die kontextuelle Intelligenz der Assistenz erhält die CEO nicht nur Informationen, sondern Erkenntnisse. Entscheidungen werden nicht im luftleeren Raum getroffen, sondern eingebettet in Perspektiven, Stimmungen und Prioritäten.

Impulsfrage: Wieviel strategische Klarheit entsteht, wenn ich nicht alles selbst filtern muss?

2. Kulturelle Resonanz

Die Assistenz ist oft näher an der Organisation als jede andere Rolle im CEO-Office. Sie spürt Spannungen, erkennt

Muster, hört Zwischentöne. Diese Resonanz wird zur kulturellen Frühwarnung und zur Chance, Führung menschlich zu gestalten.

Impulsfrage: Welche kulturellen Signale nehme ich durch meine Assistenz wahr, die mir sonst entgehen würden?

3. Führungsreflexion

Der Chief of Staff ist Sparringspartner:in auf Augenhöhe, stellt Fragen, priorisiert und widerspricht konstruktiv. Für die CEO entsteht ein Raum der Reflexion jenseits von operativer Hektik.

Impulsfrage: Wer fordert mich heraus, ohne mich bloßzustellen? Wer hilft mir, meine blinden Flecken zu sehen?

4. Entlastung mit Wirkung

Assistenz und Chief of Staff übernehmen nicht nur Aufgaben, sondern Verantwortung. Sie denken mit, antizipieren, gestalten. Das entlastet die CEO nicht nur zeitlich, sondern emotional und strategisch.

Impulsfrage: Was kann ich loslassen, weil ich weiß, dass es in guten Händen ist?

5. Vertrauensarchitektur

Der Dreiklang schafft ein Vertrauensdreieck: Die CEO ist nicht allein, sondern eingebettet in ein System, das trägt. Dieses Vertrauen ist nicht nur persönlich, sondern strukturell und damit skalierbar.

Impulsfrage: Wie verändert sich meine Führungsqualität, wenn ich mich auf mein Office wirklich verlassen kann?

5.5.3 Coachingtool für CEOs

„Wie nutze ich mein Office als strategischen Resonanzraum?"

Das CEO-Office ist ein physischer Ort und zugleich ein strategischer Resonanzraum. Ein Ort, an dem Führung nicht nur gedacht, sondern gespiegelt, geschärft und kultiviert wird. Dieses Tool lädt CEOs dazu ein, ihr Office als lebendiges System zu begreifen, getragen von der Assistenz, dem Chief of Staff und weiteren Schlüsselrollen.

1. Selbstverortung: Wo stehe ich als CEO?

Reflexionsfragen

- In welchen Momenten nutze ich mein Office als Denkraum und nicht nur als Entscheidungszentrale?
- Wie oft erlebe ich echte Resonanz statt bloßer Zustimmung?
- Wer in meinem Office darf mir widersprechen und tut es auch?

Impuls: Skizziere dein Office als System. Wer bringt Strategie, wer bringt Kultur, wer bringt Kontext? Wo entstehen Reibung und wo entsteht Relevanz?

2. Rollenverständnis im Dreiklang

Nutze die Metapher des strategischen Ensembles:

Rolle	Funktion im Resonanzraum	Schlüsselkompetenz
CEO	Komponist	Vision, Ausdruck, Entscheidung
Chief of Staff	Dirigentin	Priorisierung, Taktgefühl, Moderation
Assistenz	Konzertmeisterin	Verbindung, Präzision, Empathie

3. Resonanzräume aktivieren

Strategien zur Resonanzförderung:

- Feedbackrituale etablieren: z. B. wöchentliche Stimmungsbarometer mit Assistenz und Chief of Staff.
- Strategische Vorbesprechungen: nicht nur „Was steht an?", sondern „Was bewegt uns?"

Vertrauliche Reflexionsräume: z. B. monatliches CEO-Coaching mit interner Resonanzgruppe.

Tooltipp: Nutze ein Resonanztagebuch. Notiere wöchentlich, welche Impulse aus deinem Office dich strategisch weitergebracht haben und welche du überhört hast.

4. Resonanz als Führungsqualität

Stärkenbasierte Selbstreflexion (CliftonStrengths):

- Welche meiner Stärken fördern Resonanz? (z. B. Empathie, Kontext, Strategie)
- Welche Stärken könnten Resonanz behindern? (z. B. Durchsetzung, Fokus, Selbstbewusstsein, wenn unbalanciert)

5. Resonanz sichtbar machen

Fragen zur Wirkung:

- Wie spiegelt mein Büro die Kultur, die ich führen will?
- Welche Geschichten erzählt meine Assistenz über mich, bewusst oder unbewusst?

- Wie erleben andere meine Entscheidungen. Sehen sie es als Impuls, als Dialog oder als Diktat?

Tooltipp: Lass dein Büro einmal im Quartal ein Strategieresonanzbild erstellen. Welche Themen haben gewirkt, welche wurden ignoriert, welche brauchen neue Sprache?

Selbsttest für CEOs: „Nutze ich mein Office als Resonanzraum oder als Reaktionsraum?"

Dieser Selbsttest hilft Führungspersönlichkeiten und lädt zur Selbstreflexion ein. Dabei wird der Blick auf Zusammenarbeit, Kultur und Wirkung gelegt.

Teil 1: Reflexion: Wo stehe ich?

Beantworte die folgenden Aussagen mit „Trifft zu", „Teilweise" oder „Trifft nicht zu".

1. Ich erhalte regelmäßig strategische Impulse von meiner Assistenz und nicht nur organisatorische Unterstützung.
2. Meine Chief of Staff widerspricht mir konstruktiv, wenn es strategisch notwendig ist.
3. Ich nutze mein Büro bewusst als Denkraum und nicht nur zur Abarbeitung.
4. Ich kenne die Stärken meiner Assistenz und fördere sie gezielt.
5. Ich reflektiere regelmäßig, wie meine Entscheidungen kulturell wirken.
6. Ich habe Rituale etabliert, um Resonanz aus meinem Office zu erhalten (z. B. Stimmungsbarometer, Feedbackrunden).
7. Ich lasse mich von meinem Officeteam spiegeln, insbesondere in schwierigen Situationen.
8. Ich erlebe mein Office als lernendes System, nicht als statische Struktur.
9. Ich nehme mir Zeit für vertrauliche Gespräche mit Assistenz und Chief of Staff. Dies findet jenseits vom Tagesgeschäft statt.
10. Ich empfinde mein Office als strategische Unterstützung und keinesfalls als Belastung.

Teil 2: Auswertung

- 8–10× „Trifft zu" Strategischer Resonanzraum aktiv: Du nutzt dein Office bereits als lebendiges System. Weiter so, vielleicht ist es Zeit, andere Führungskräfte dafür zu sensibilisieren.
- 5–7× „Trifft zu" Resonanzpotenzial vorhanden: Du hast gute Ansätze, aber es gibt Raum für bewusste Gestaltung. Nutze Coachingimpulse, um dein Office weiterzuentwickeln.
- 0–4× „Trifft zu" Reaktionsraum statt Resonanzraum: Dein Office funktioniert operativ, aber strategisch bleibt Potenzial ungenutzt. Zeit für einen Perspektivwechsel.

Teil 3: Reflexionsimpuls

- Was müsste sich verändern, damit mein Office nicht nur funktioniert, sondern inspiriert?
- Welche Gespräche führe ich nicht, obwohl sie strategisch wichtig wären?
- Wie kann ich Resonanz für mich, mein Team und die Organisation sichtbar machen?

5.5.4   Das Manifestversprechen

Ich bin ein großer Fan davon, klare Spielregeln und Vereinbarungen in die gemeinsame Zusammenarbeit zu integrieren. Gerne gehe ich in meiner Arbeit in die Erstellung von Manifesten ein.

Ein gemeinsames Manifest von Assistenz, Führungsperson und Chief of Staff stellt einen strategischen Akt der Selbstvergewisserung, Rollenklärung und kulturellen Gestaltung dar. Es kann für Themen wie Zusammenarbeit, Werte, Kommunikation oder Zukunftsvisionen entwickelt werden, aber auch für ganz andere Felder wie Nachhaltigkeit, Diversität, Innovation oder Selbstführung.

1. Zweck klären: Wofür ein Manifest?

- Identitätsstiftend: Wer sind wir als Führungstrio? Was macht unsere Zusammenarbeit besonders?
- Wertebasiert: Welche Prinzipien leiten uns im Alltag, in der Krise, in der Zukunft?
- Strategisch: Was wollen wir gemeinsam bewirken? Welche Haltung soll sichtbar werden?
- Inspirierend: Wie können wir andere mitnehmen, sprich das Team, Kolleg:innen, Stakeholder:innen?

Tipp: Beginnt mit einem gemeinsamen Gespräch über eure „Warum-Frage". Warum jetzt? Warum gemeinsam?

2. Formate und Stimmen finden
Ein Manifest muss nicht zwingend linear sein. Es kann literarisch, visuell, dialogisch oder metaphorisch gestaltet werden. Denkbar sind:

- „Wir glauben … "-Statements (klassisch, kraftvoll)
- Dialogform (z. B. Assistenz fragt, Führungskraft antwortet, Chief of Staff ergänzt)
- Szenarien oder Mini-Stories (z. B. „Ein Tag in unserer Zusammenarbeit")
- Metaphern (z. B. „Wir sind das Cockpit, das Radar und die Stimme")
- Visuelle Elemente (z. B. ein gemeinsames Wertedreieck oder Rollenkompass)

Tipp: Nutzt eure unterschiedlichen Perspektiven. Die Assistenz als Resonanzraum, der Chief of Staff als strategische Stimme, die Führungskraft als Visionsträgerin.

3. Inhalte strukturieren (modular und iterativ)
   Ein Manifest kann folgende Module enthalten:

Modul	Inhalt	Beispiel
Vision	Was wollen wir gemeinsam gestalten?	„Wir schaffen eine Führungskultur, die zuhört, vertraut und verbindet."
Werte	Was ist uns wichtig?	„Mut, Klarheit, Resonanz."
Rollenverständnis	Wie ergänzen wir uns?	„Assistenz als Kulturträger:in, Chief of Staff als Strategiearchitekt:in, Führungskraft als Richtungsgeber:in."
Verhaltensprinzipien	Wie setzen wir das um?	„Wir sprechen Klartext. Wir reflektieren regelmäßig. Wir feiern Fortschritt."
Einladung	Wie binden wir andere ein?	„Dieses Manifest ist offen für Feedback, Mitgestaltung und Weiterentwicklung."

Tipp: Entwickelt das Manifest in Etappen, z. B. als Betaversion, die ihr gemeinsam testet und verfeinert.

4. Methoden zur Entwicklung
   Hier einige kreative Methoden, die euch als Trio stärken:

- Manifesto-Canvas: Ein visuelles Arbeitsblatt mit Feldern für Vision, Werte, Rollen, Prinzipien.
- Storytelling-Workshop: Jede:r erzählt eine prägende Erfahrung aus der Zusammenarbeit.
- Stärkendialog: Mit CliftonStrengths oder ähnlichen Tools reflektieren, wie eure Stärken sich ergänzen.
- Feedbackschleifen: Das Manifest wird im Team vorgestellt und iterativ weiterentwickelt.

- Szenariocoaching: Ihr entwickelt gemeinsam Zukunftsbilder (Wie sieht unsere Zusammenarbeit 2030 aus?).

Ein Manifest ist keinesfalls ein Endprodukt. Es macht Haltung sichtbar, schafft Orientierung und lädt zur Mitgestaltung ein. Für Assistenz, Führungskraft und Chief of Staff ist es ein Ausdruck von strategischer Partnerschaft, geteiltem Verantwortungsbewusstsein und kultureller Führung.

5.5.5 Manifestvorschlag für strategische Zusammenarbeit im Führungstrio Assistenz – Chief of Staff – Führungskraft

1. Unsere gemeinsame Vision:
- Wir gestalten Führung als geteilte Verantwortung.
- Wir verbinden Strategie, Resonanz und Umsetzung.
- Wir schaffen Räume, in denen Klarheit, Vertrauen und Wirkung entstehen.

2. Unsere Werte:
- Resonanz: Wir hören zu, spiegeln, verbinden.
- Mut: Wir sprechen aus, was andere nur denken.
- Klarheit: Wir strukturieren, priorisieren und fokussieren.
- Vertrauen: Wir handeln transparent, loyal und vorausschauend.
- Wirkung: Wir machen das Unsichtbare sichtbar und das Sichtbare bedeutsam.

3. Unser Rollenverständnis:
- Die Assistenz ist Resonanzraum, Kulturträger:in und Impulsgeber:in für das, was zwischen den Zeilen geschieht.

- Die Chief of Staff ist Strategiearchitekt:in, Möglichmacher:in und kritischer Sparringspartner:in.
- Die Führungsperson ist Richtungsgeber:in, Visionsträger:in und Entscheidungskraft.

Credo: Wir sind kein Dreieck der Hierarchie, sondern ein Dreiklang der Wirkung.

4. Unsere Prinzipien im Alltag:
- Wir reflektieren regelmäßig. Uns selbst, unsere Zusammenarbeit, unsere Wirkung.
- Wir priorisieren gemeinsam mit Blick auf das Ganze und das Wesentliche.
- Wir kommunizieren ehrlich, inklusiv und mit Haltung.
- Wir feiern Fortschritt, nicht Perfektion.
- Wir laden andere ein zur Mitgestaltung, zum Widerspruch, zur Weiterentwicklung.

5. Unsere Einladung:
Dieses Manifest ist ein lebendiger Vertrag. Es darf wachsen, sich wandeln und von anderen inspiriert werden. Wir laden Kolleg:innen, Teams und Organisationen ein, eigene Manifestos als Ausdruck von Haltung, Zusammenarbeit und Zukunftsmut zu entwickeln.

Literatur

Habel, M. (o. D.). *Melanie Habel.* Abgerufen am 31.10.2025 von https://www.melanie-habel.de/

Hiatt, A. (2023). *Bet on yourself.* New York: Harper Collins Leadership US

Schiffer, V. (o. D.). *Verena Schiffer.* Abgerufen am 31.10.2025 von https://www.verenaschiffer.de/

6

Ein Blick ins Management

Meine Herzenszielgruppe bleibt der Executive Support, aber ich arbeite seit vielen Jahren auch mit Führungskräften und deren Teams zusammen. Insbesondere liegt der Fokus auch hier natürlich auf dem Tandem oder Trio an der Spitze: Management und Executive Support. In meinen Trainings frage ich daher immer gerne auch nach der Zusammenarbeit und danach, welche Attribute besonders geschätzt werden.

6.1 Was denkt das Management über Executive Support?

Einige Aussagen, die mir auf meinem Weg zur Aufklärung im Bereich Executive Support immer mal wieder in dieser oder ähnlicher Form begegnen, möchte ich an dieser Stelle

© Der/die Autor(en), exklusiv lizenziert an Springer Fachmedien Wiesbaden GmbH, ein Teil von Springer Nature 2026
D. Brandl, *Erfolgsfaktor Assistenz*, Fit for Future,
https://doi.org/10.1007/978-3-658-50545-5_6

mit dir teilen. Sie sollen uns helfen, wie unterschiedlich die Denke der Führungskräfte ist beim Thema Support.

„Meine Assistenz ist nicht nur meine rechte Hand, sie ist mein zweites Gehirn. In einem komplexen Umfeld wie der Medizintechnik braucht es jemanden, der nicht nur organisiert, sondern mitdenkt, mitfühlt und mitgestaltet. Assistenz bedeutet: Sie sieht, was ich übersehe, und fragt, was ich nicht zu fragen wage."

„Ich habe gelernt: Eine gute Assistenz denkt nicht nur mit, sie denkt voraus. Sie kennt die Dynamik im Team, die Stimmung im Unternehmen und die Fallstricke im Projekt. Ohne meine Assistenz wäre ich oft nur ein Zahlenmensch. Mit ihr bin ich eine Führungskraft mit Weitblick."

„In einem kreativen Umfeld ist meine Assistenz mein Ruhepol und mein Resonanzraum. Sie filtert, fokussiert und fordert mich heraus. Sie ist nicht nur dabei, sie gestaltet mit. Ich sehe sie als Co-Pilotin auf unserem Weg zur Markenvision."

„Assistenz ist für mich kein Luxus, sie ist Infrastruktur. In meiner Rolle als Chief of Staff jongliere ich zwischen Strategie, Führung und operativer Exzellenz. Meine Assistenz ist dabei nicht nur Taktgeberin, sondern auch Taktikerin. Sie versteht die Agenda, kennt die Stakeholder und denkt in Wirkungen, nicht nur in Aufgaben."

Das sind wunderbare motivierende Worte und ich weiß, dass nicht jede:r von euch solche Wertschätzung im realen Job von seiner Führungskraft erfährt. Umso schöner liest sich dies und zeigt uns, dass es das draußen gelebt wird.

Gleichermaßen muss ich euch aber auch Stimmen vorstellen, die große Zweifel an dem Berufsbild Executive Support und dabei insbesondere der Assistenzrolle haben. Denn diese und auch ähnlich ausgerichtete Aussagen begegnen mir häufiger in meinen Führungskräftetrainings:

„Ich frage mich oft, ob Assistenzrollen nicht ein Relikt aus der analogen Ära sind. In meinem Alltag organisiere ich Termine per Sprachbefehl, lasse KI meine Mails sortieren und habe direkten Zugang zu jedem Mitarbeitenden. Brauche ich da wirklich noch eine Person, die mir den Kalender pflegt oder Protokolle schreibt? Ich glaube, Führung muss lernen, selbst effizient zu sein."

„Ich habe nichts gegen Assistenz, aber in der Produktion zählen Geschwindigkeit und Eigenverantwortung. Ich erwarte von meinen Führungskräften, dass sie ihre Abläufe selbst im Griff haben. Eine Assistenz kann da schnell zum Flaschenhals werden, besonders wenn sie nicht tief genug im Thema steckt. Ich setze lieber auf direkte Kommunikation und flache Strukturen."

„In der akademischen Welt ist Selbstorganisation Teil der Führungsreife. Ich sehe bei manchen Führungskräften oft eine übermäßige Abhängigkeit von Assistenz. Das ist gefährlich. Wer strategisch führen will, muss auch strategisch denken und das beginnt bei der eigenen Struktur. Assistenz kann unterstützen, aber sie darf nicht die Denkprozesse übernehmen."

Uff, das tut an einigen Stellen echt weh und zeigt uns auf, dass dieser Kampf um Sichtbarkeit und Verständnis der Rolle noch immer missverstanden wird. Wie lange soll diese Proklamation eigentlich noch andauern? Ich bin oftmals müde. Du sicherlich auch.

Gerne stelle ich im Übrigen auch in den Führungskreisen die Frage: Was braucht das Büro der Zukunft? Chief of Staff? Assistenz? Beides. Hierzu ein beispielhaftes Kundenstatement:

„Ich sehe beide Rollen, Assistenz und Chief of Staff, nicht als Gegenspieler, sondern als komplementäre Kräfte. Die Assistenz ist für mich der operative Puls, die Chief of Staff die strategische Lunge. Wenn ich mich entscheiden müsste, wohin die Reise geht, dann glaube ich: Der Executive Support der Zukunft wird hybrid. Wir brauchen Menschen, die sowohl exzellent organisieren als auch strategisch denken können. Ob das in einer Person liegt oder in einem Tandem, das hängt vom Kontext ab."

Beispiel Microsoft Deutschland & Österreich

So arbeitet im Übrigen auch das CEO-Office von Microsoft Deutschland & Österreich. Andrea Bross (Executive Assistant) und Svetlana Barsova (Chief of Staff) sind das eingespielte Duo hinter CEO Agnes Heftberger. Sie arbeiten seit Mitte Juni 2024 zusammen. Was sie verbindet? Struktur im Chaos, strategisches Denken und ein gemeinsames Ziel: Agnes mit Herz, Verstand und einer ordentlichen Portion Humor bestmöglich zu unterstützen.

Svetlana Barsova ist seit über 14 Jahren bei Microsoft und war die meisten Jahre davon bei Microsoft in Russland tätig. Seit 2023 ist sie Chief of Staff von Agnes Heftberger. Svetlana liebt den Austausch mit anderen CEO-Offices ihrer Kunden und bringt ihnen gerne näher, wie sie ihr eigenes CEO-Office gestalten, offene und transparente Kommunikation leben und wie sie Copilot dabei in ihrer täglichen Arbeit nutzen.

Andrea Bross ist seit über 6 Jahren bei Microsoft Deutschland und seit Juli 2024 Executive Assistant von Agnes. Sie unterstützt Assistenzen in Kunden- und Partnerunternehmen auf dem Weg zum modernen und digitalen Arbeitsplatz. Seit eineinhalb Jahren ist Copilot aus Andreas Arbeitsalltag nicht mehr wegzudenken, gerne zeigt sie in Kundenworkshops, wann und wo er im Assistenzbereich zum Einsatz kommt. Abgesehen davon brennt ihr Herz für Diversity-&-Inclusion-Themen; über drei Jahre hat sie die Families-at-Microsoft-Gruppe geleitet und ist immer noch aktives Board Member der Gruppe.

Svetlana schätzt an Andrea ihre Proaktivität, Präzision und die Fähigkeit, Aufgaben eigenständig und schnell zu lösen, ohne dabei an Genauigkeit zu verlieren. Für sie ist Andrea nicht nur eine verlässliche Kollegin, sondern auch eine wertvolle Sparringspartnerin, mit der sie offen kommunizieren und gemeinsam Lösungen entwickeln kann, besonders in einem Job, der manchmal einsam sein kann. Andrea wiederum hebt Svetlanas Fähigkeit hervor, Dinge kritisch zu hinterfragen und neue Perspektiven einzubringen. Auch wenn das herausfordernd sein kann, empfindet sie es als bereichernd und erkennt darin eine wichtige Lernquelle. Gemeinsam bilden sie ein eingespieltes Team, das sich ideal ergänzt, was von ihrer Chefin sehr geschätzt wird:

> „Dank euch bin ich erfolgreich. Ohne euch und eure Vorarbeit könnte ich das alles so gar nicht abliefern." – Agnes Heftberger

Praxisinterview mit Carsten Schläwe

Eine wichtige Stimme darf ich jedoch ganz öffentlich in diesem Buch nennen und dafür bin ich sehr dankbar. Carsten Schläwe ist Partner bei Forvis Mazars, einer internationalen Beratungsgesellschaft. Als Steuerberater mit Fokus auf französische Mandanten lebt er das Deutsch-Französische beruflich wie privat, abwechselnd in Düsseldorf und Paris. Im Juli 2025 ist er vom französischen Premierminister zum Conseiller du Commerce Extérieur de la France, einem Außenhandelsberater für Frankreich, ernannt worden: ein Meilenstein seines interkulturellen Weges. Er nimmt sich Zeit und bringt Studierenden Neues bei, als Mentor hilft er Menschen, Lösungen zu finden. Er glaubt an die Kraft von Beziehungen, an die Bedeutung von Sprache und an die Zukunft der Assistenz als gestaltende Kraft. Sein Führungsstil ist geprägt von Vertrauen, Klarheit und der Überzeugung, dass Menschlichkeit und Professionalität sich nicht ausschließen, sondern bedingen.

Seine aktuelle Assistenz Sonja durfte ich in einem Seminar kennenlernen und begleite sie seither als Mentorin. Doch diesmal wollte ich Carstens Meinung zur Assistenz Raum geben und habe ihm diese Fragen gestellt.

- **Carsten, wie schaust du auf das Thema Executive Support der Zukunft?**

Carsten: Executive Support ist schon lange nicht mehr nur Begleitung, sondern Mitgestaltung. Die Assistenz wird zur strategischen Partnerin, zur Impulsgeberin in Führung und Organisation. Sie wird nicht mehr nur reagieren, sondern antizipieren – mit einem tiefen Verständnis für Prozesse, Menschen und digitale Werkzeuge. Die Zukunft gehört denen, die mitdenken, mitfühlen und mitgestalten.

- **Welche Kompetenzen suchst du in einer Assistenz?**

Carsten: Ich suche keine Checkliste, ich suche Haltung. Natürlich sind Organisationstalent, digitale Affinität und Kommunikationsstärke wichtig. Aber entscheidend sind Loyalität, Eigenverantwortung und die Fähigkeit, in komplexen Situationen Klarheit zu schaffen. Eine gute Assistenz erkennt, was gesagt werden muss und was besser nicht. Sie ist Brücke, Filter und Verstärker zugleich.

- **Hard vs. Soft Skills – wer macht das Rennen für das Profil der Zukunft?**

Carsten: Soft Skills machen das Rennen, und zwar mit klarem Vorsprung. Hard Skills sind erlernbar, Soft Skills sind erlebbar. Empathie, Resilienz, Neugier, Integrität – das sind die Kompetenzen, die Vertrauen schaffen und Beziehungen tragen. In einer Welt voller Tools und Technik sind es die menschlichen Fähigkeiten, die den Unterschied machen. Noch deutlicher: in Zeiten von KI werden Soft Skills die neuen Hard Skills sein.

- **Wie sieht optimales Sparring für dich und deine Assistenz aus? Gib uns Einblicke in wichtige Spielregeln, die eure Zusammenarbeit manifestieren.**

Carsten: Optimales Sparring lebt von Vertrauen, Klarheit und gegenseitigem Respekt. Mit Sonja habe ich eine Sparringspartnerin, die mich entlastet, aber auch ergänzt und herausfordert. Wir arbeiten auf Augenhöhe, mit Humor und Ernsthaftigkeit zugleich. Unsere Spielregeln? Offenheit, Verlässlichkeit und das gemeinsame Ziel, das Beste für unser Team zu erreichen. Wir sprechen nicht nur über Aufgaben, wir sprechen über Haltung.

- **Carsten, ich danke dir für das Gespräch.**

Carsten Schläwes Perspektive macht deutlich: Die Rolle der Assistenz wandelt sich fundamental von der unterstützenden Funktion zur gestaltenden Kraft. In unserer komplexen, digitalen und interkulturellen Arbeitswelt sind es nicht nur Fähigkeiten, sondern vor allem Haltungen, die zählen. Vertrauen, Klarheit und Menschlichkeit bilden den Ausgangspunkt einer Zusammenarbeit auf Augenhöhe. Wer heute Assistenz denkt, muss sie als strategische Partner:in verstehen und zwar mit Mut zur Verantwortung, mit Empathie für Menschen und mit Neugier für Wandel. Die Zukunft der Assistenz ist nicht nur unterstützend, sie ist richtungsweisend. Danke, lieber Carsten.

6.2 Weitere Managementstimmen und -gedanken

Auch Andre Kiehne (ehemaliger Member of the Executive Board bei Microsoft Germany und C-Level-Manager bei Unternehmen wie Fujitsu und NTT) hat vor vielen Jahren schon über die Zusammenarbeit mit seiner damaligen Assistenz Claudia gesagt:

> „Eine gute Assistentin managt mit viel Empathie und Kreativität eine Komplexität aus Terminchaos, wechselnden Prioritäten, Launen und Sonderwünschen. Das kann keine Maschine dieser Welt leisten. Claudia ist mein schlechtes Gewissen, mein Spiegel, meine Ordnung im täglich Chaos."

Andre trifft als CEO und Founder bei decode.forward täglich auf Führungskräfte und weiß, wie wichtig der Executive Support ist, gerade, weil er ihn selbst jahrelang erleben durfte.

Neben Carsten und Andre gibt es weitere tolle Persönlichkeiten, die aus dem Management heraus Stärke für die Assistenz aufzeigen und zur Sichtbarkeit fördern. Einen davon möchte ich an dieser Stelle highlighten, da ich selbst mit ihm mehrfach zu unterschiedlichen Themenfragen arbeiten durfte. Und nun sei uns bewusst, dass ich absichtlich einem „alten weißen Mann" den Raum gebe, also dem Typus männliche Führungskraft, der in den letzten Jahren regelmäßig angegriffen wurde für seine oftmals zu traditionellen Denkweisen. Und genau das ist Douglas R. Conant eben nicht, ich durfte das mehrfach in Gesprächen mit ihm feststellen. Ich hatte ihn vor einigen Jahren gemeinsam mit seiner Assistenz und seiner Chief of Staff in meinem Podcast zu Gast.

Douglas Conant ist ein US-amerikanischer Topmanager, Autor und Leadershipexperte, bekannt für die erfolgreiche Transformation der Campbell Soup Company. Er begann seine Karriere bei General Mills, wechselte später zu Kraft Foods und wurde schließlich Präsident von Nabisco Foods, wo er fünf Jahre lang für Umsatz- und Gewinnwachstum sorgte.

Von 2001 bis 2011 war er CEO der Campbell Soup Company, die er in einer schwierigen Phase übernahm. Unter seiner Führung gelang ein bemerkenswerter Turn-around: Er restrukturierte das Management, investierte strategisch und verbesserte die Unternehmenskultur. Die finanziellen Kennzahlen und die Marktposition des Unternehmens verbesserten sich deutlich.

Conant ist ein Verfechter von „Leadership that works", das auf Vertrauen, Leistung und Menschlichkeit basiert. Er entwickelte das „BLUEPRINT"-Modell, ein sechsstufiges Framework für wirksame Führung, welches er in seinem Buch „The Blueprint: 6 Practical Steps to Lift Your Leadership to New Heights" beschreibt.

Conant war auch Chairman von Avon Products (2013–2016) und engagiert sich für die Weiterentwicklung von Leadershippraktiken weltweit.

Er ist zudem Co-Autor von „TouchPoints: Creating Powerful Leadership Connections in the Smallest of Moments" und schreibt regelmäßig für die Harvard Business Review.

Nach seiner Zeit bei Campbell gründete er Conant Leadership, eine Plattform zur Förderung moderner Führungskultur. Dort bietet er Coaching, Keynotes und Ressourcen für Führungskräfte an. Und genau dort möchte ich über eine Neuheit berichten, die es so auf dem Markt noch nicht gab. Denn Douglas hat im letzten Jahr einen Leadershipkurs für die Assistenz entwickelt. Das müssen wir uns nochmals auf der Zunge zergehen lassen: Ein weltweit bekannter Topmanager baut einen Kurs für die Zielgruppe Assistenz. Als er mir davon berichtete und mich in seinen Advisory Council holte, wusste ich, das kann etwas ganz Besonderes werden.

Das Programm entstand aus einem Gespräch zwischen Doug und seiner langjährigen Assistentin Diana. Sie kritisierte, dass die meisten Weiterbildungen für Assistenzkräfte rein technisch seien, wie etwa Softwareschulungen und kaum die persönliche Entwicklung oder strategische Rolle fördern. Conant reagierte darauf, indem er sein bewährtes BLUEPRINT-Modell für Führungskräfte auf die Bedürfnisse von Assistenzrollen adaptierte. Eine brillante Idee.

Das STEPS-Programm ist ein speziell für Assistenzkräfte entwickeltes Leadershiptraining, das ihnen hilft, ihre eigene Führungsidentität zu entwickeln und strategischen Einfluss auszuüben.

Das STEPS-Programm basiert auf dem BLUEPRINT-Prozess, einem sechsstufigen Framework zur Entwicklung einer individuellen Leadershipidentität:

1. Envision – Die eigene Vision von Erfolg und Führung definieren.
2. Reflect – Persönliche Erfahrungen und Werte analysieren.
3. Study – Wissen und Best Practices aus der Welt der Führung integrieren.
4. Plan – Ein persönliches Leadershipmodell entwerfen.
5. Practice – Die neuen Führungspraktiken im Alltag anwenden.
6. Improve – Kontinuierlich reflektieren und weiterentwickeln.

Besonderheiten für Assistenzen:

- Strategische Partnerschaft statt nur Support: Das Programm würdigt die Rolle von Assistenzen als integrale Bestandteile der Führungsebene.
- Ganzheitliche Entwicklung: Es geht nicht nur um Tools, sondern um Selbstführung, Einfluss und Identitätsbildung.
- Praktische Umsetzung: Die Teilnehmenden entwickeln ein eigenes Leadershipmodell, das sie sofort im Berufsalltag anwenden können.

Teilnehmende berichten, dass sie sich nach dem Kurs gestärkt, strategisch klarer und wirksamer fühlen. Sie lernen, wie sie ihre Stärken gezielt einsetzen und als Führungspersönlichkeit innerhalb ihrer Rolle auftreten können.

> Sollten diese Themen auch ein Teil deiner Lernreise sein, dann empfehle ich, das Programm einmal anzuschauen. Ich stelle den Kontakt gerne direkt zu seinem Büro her.

Wir sehen also, dass das Management unterschiedlichen Bedarf und unterschiedliche Erwartungen hat und manchmal selbst nicht genau weiß, in welchen Bereichen der Executive Support eigentlich Hilfestellung leisten kann und in welchen Fragestellungen die Fachabteilungen herbeigerufen werden. Beim Thema Generational Leadership gibt es meiner Meinung nach großes Potenzial, das Executive-Support-Team einzubinden. Denn das ist ein Thema, welches Unternehmen nachhaltig beschäftigt.

Literatur

Brandl, D. (2020). Die Assistenz in der digitalen Transformation. Wiesbaden: SpringerGabler. https://doi.org/10.1007/978-3-658-29967-5

Conant Leadership (o. D.): *Conant Leadership*. Abgerufen am 31.10.2025 von https://conantleadership.com/

7

Generational Leadership

Generational Leadership bedeutet, Führung über Altersgrenzen hinweg zu gestalten. Assistenzen und Chiefs of Staff können dabei als Brückenbauer:innen, Moderator:innen und Impulsgeber:innen entscheidend zum Erfolg beitragen.

Was ist Generational Leadership?
Generational Leadership beschreibt einen Führungsstil, der die Zusammenarbeit zwischen unterschiedlichen Generationen aktiv gestaltet. In Organisationen arbeiten heute bis zu fünf Generationen zusammen von den Babyboomer:innen bis zur Generation Alpha. Jede bringt eigene Werte, Kommunikationsstile und Erwartungen mit:

- Babyboomer:innen: Loyalität, Hierarchie, Erfahrung
- Generation X: Selbstständigkeit, Pragmatismus
- Generation Y (Millennials): Sinnorientierung, Work-Life-Balance

© Der/die Autor(en), exklusiv lizenziert an Springer Fachmedien Wiesbaden GmbH, ein Teil von Springer Nature 2026
D. Brandl, *Erfolgsfaktor Assistenz*, Fit for Future,
https://doi.org/10.1007/978-3-658-50545-5_7

- Generation Z: Digitalaffinität, Feedbackkultur, Flexibilität
- Generation Alpha: Noch im Kommen, geprägt von KI, Individualisierung und globaler Vernetzung

Das Ziel von Generational Leadership ist es, diese Vielfalt nicht als Konfliktquelle, sondern als Innovationspotenzial zu nutzen. Führungspersonen müssen inklusive, agile und individuelle Führungsansätze entwickeln, die generationenübergreifende Zusammenarbeit fördern.

7.1   Wie können Assistenzen und Chiefs of Staff dabei helfen?

Assistenzen und Chiefs of Staff sind Schlüsselakteur:innen im Generational Leadership, denn sie agieren oft an der Schnittstelle zwischen Führung, Teams und Kulturentwicklung.

1. Brückenbauer:innen zwischen Generationen

   - Sie erkennen Spannungen früh und moderieren zwischen unterschiedlichen Erwartungen.
   - Sie gestalten Kommunikationsformate, die alle Altersgruppen einbeziehen (z. B. hybride Meetings, Feedback-Loops, Mentoringtandems).

2. Kulturelle Übersetzer:innen

   - Sie helfen Führungspersonen, die Sprache der jüngeren Generationen zu verstehen, etwa in Bezug auf Sinnorientierung, digitale Tools oder Feedbackbedürfnisse.
   - Gleichzeitig bewahren sie Erfahrungswissen älterer Generationen und machen es zugänglich.

3. Strategische Impulsgeber:innen

- Als Chiefs of Staff oder strategische Assistenzen können sie Führungspersonen auf blinde Flecken hinweisen, etwa wenn Personalpolitik unbewusst eine Generation bevorzugt.
- Sie bringen Perspektiven aus der operativen Realität ins strategische Denken ein.

4. Gestalter:innen von Lern- und Entwicklungsformaten

- Sie können generationenübergreifende Lernformate initiieren wie z. B. Reverse Mentoring, Peer-Learning oder intergenerationale Projektteams.
- Sie fördern eine Lernkultur, die sowohl Erfahrung als auch Neugier wertschätzt.

Generational Leadership eine wichtige Führungsnotwendigkeit. Das Executive-Support-Team ist dabei Unterstützung sowie aktive Mitgestaltung einer inklusiven, zukunftsfähigen Führungskultur. Sie helfen, Verständnis, Vertrauen und Zusammenarbeit zwischen Generationen zu fördern und machen so den Unterschied zwischen reiner Verwaltung und echter Führung.

Erinnern ist ein Akt der Organisation, der Beziehungspflege und strategischen Einflussnahme. Assistenz und Chief of Staff helfen, den Takt zu halten, nicht nur bei Terminen, sondern auch bei Werten, Prioritäten und Führungsprinzipien.

Hier sind wirksame Methoden, um Führungskräfte im Alltag immer wieder zu erinnern und dies wertschätzend, strategisch und generationensensibel:

1. Ritualisierte Reminder mit Haltung

- Wöchentliche Leadershipimpulse: Eine kurze Nachricht mit einem Zitat, einer Reflexionsfrage oder einem Reminder zur Führungsqualität (z. B. Diese Woche: Wie sichtbar ist Ihre Anerkennung für die Generation Z im Team?).
- Leadershipradar im Wochenbriefing: Ein Abschnitt im Weekly, der auf blinde Flecken, Teamstimmung oder strategische Themen hinweist, nicht als Kritik, sondern als Spiegel.
- Kalender mit Haltung: Termine nicht nur mit Ort und Zeit, sondern mit einem kurzen Hinweis versehen (bitte an intergenerationale Perspektive denken oder Feedbackrunde einplanen).

2. Visuelle und emotionale Anker

- Post-it-Strategie: Kleine, farbige Reminder an Monitor, Notebook oder Flipchart wie z. B. Sinn statt Zahlen, zuhören statt senden, Was braucht das Team heute?
- Symbolische Gegenstände: Ein Objekt auf dem Schreibtisch (z. B. ein Kompass, eine Sanduhr oder ein Generationenwürfel), das an Führungsprinzipien erinnert.
- Mini-Poster oder Leadershipkarte: Eine gestaltete Karte mit den Top-3-Führungswerten bewusst sichtbar im Büro oder digital im Dashboard.

3. Strategische Gesprächsanlässe

- Reflexionsfragen in Meetings: Was hat diese Woche gut funktioniert im generationenübergreifenden Miteinander? oder: Welche Entscheidung war besonders inklusiv?

- Feedbackschleifen moderieren: Assistenzen können kurze Feedbackrunden initiieren wie z. B. mit einem Stimmungsbarometer oder einem Teamecho.
- Mini-Coaching im Alltag: Ein Satz wie „Darf ich Sie auf etwas aufmerksam machen?" oder „Ich habe eine Beobachtung, die vielleicht hilfreich ist …" kann Türen öffnen.

4. Tools und Formate für nachhaltige Erinnerung

- Leadershipjournal: Ein digitales oder analoges Notizbuch, das Führungspersonen regelmäßig mit Reflexionsfragen füttert, im besten Fall kuratiert von der Assistenz.
- Reminderformeln: Etwa „3 × 3" – drei Werte, drei Verhaltensweisen, drei Fragen, die regelmäßig auftauchen.
- Interaktive Formate: z. B. ein Leadership Canvas oder ein Generationenkompass, das gemeinsam mit der Assistenz gepflegt wird.

Die wirksamste Erinnerung ist oft die, die nicht wie Kontrolle wirkt, sondern wie Fürsorge, strategische Partnerschaft und gemeinsame Verantwortung. Assistenzen und Chiefs of Staff sind dabei nicht Mahner:innen, sondern Ermöglicher:innen von Klarheit, Fokus und Führungskultur.

Einige Unternehmen haben im Zuge der Zusammenarbeit mit den diversen Generationen auch spannende Projekte gestartet.

Im Jahr 2018 initiierte z. B. Dr. Mathias Döpfner, Vorstandsvorsitzender der Axel Springer SE, die Gründung eines Youth Councils. Dieses Gremium besteht aus sechs Mitarbeitenden unter 30 Jahren, die aus verschiedenen Bereichen des Unternehmens stammen, darunter Redaktionen, die Holding sowie digitale Tochtergesellschaften. Ziel ist es, in regelmäßigen Sitzungen mit dem Vorstand über zentrale Themen wie Strategie, Technologie und Unternehmenskultur zu diskutieren.

Die zweistündigen Treffen dienen nicht nur dem inhaltlichen Austausch, sondern verfolgen auch das übergeordnete Ziel, die Führungs- und Unternehmenskultur weiterzuentwickeln. Dabei wird bewusst die Perspektive einer jüngeren Generation einbezogen insbesondere im Hinblick auf Kunden- und Leserbedürfnisse.

Die Initiative ist eingebettet in ein umfassendes Maßnahmenpaket zur Weiterentwicklung von Führung, Unternehmenskultur und Talentförderung bei Axel Springer. Auf den Unternehmensseiten von Axel Springer gibt es darüber einiges zu lesen. Jedes Jahr agiert ein neuer Youth Council, bestehend aus den vielversprechendsten jungen Stimmen des Axel-Springer-Konzerns, für 12 Monate als Schattenrat des Vorstands.

Dr. Döpfner ist im Übrigen Anhänger vom Reverse-Mentoring-Format und praktizierte es einst selbst mit einer Mitarbeitenden aus dem KI- und Digitalbereich des Konzerns.

7.2   Reverse Mentoring im Management

Dieser Teil sollte insbesondere deine Führungskraft interessieren, somit könnte es ein guter Moment sein, das Buch einmal abzugeben. Aber vielleicht hast du das ja bereits gemacht und das ein oder andere Kapitel zuvor auch schon deinem Chef bzw. deiner Chefin zur Verfügung gestellt. Das würde mich sehr freuen und ich denke immer gerne an meine Bücher zuvor zurück, dass es nicht nur Assistenzen waren, die im Nachgang an mich herangetreten sind und Feedback gegeben haben, sondern eben auch deren Führungskräfte.

Früher gaben erfahrene Mitarbeitende ihr Wissen an die jüngere Generation weiter. Heute hingegen etabliert sich Reverse Mentoring, eine moderne Variante des klassischen Mentorings, als zentrale Strategie in vielen Unternehmen.

Welche Chancen eröffnet Reverse Mentoring für Organisationen? Und welche Herausforderungen sollten dabei bedacht werden?

7.2.1 Was bedeutet Reverse Mentoring?

Reverse Mentoring beschreibt ein innovatives Konzept, welches das klassische Mentoringmodell bewusst auf den Kopf stellt. Während traditionell erfahrene Führungskräfte ihr Wissen an jüngere Mitarbeitende weitergeben, übernimmt beim Reverse Mentoring die jüngere Generation die Rolle des Mentors. Insbesondere digitalaffine Nachwuchstalente teilen ihr Know-how zu aktuellen Technologien, digitalen Tools, sozialen Medien oder neuen Arbeitsmethoden mit älteren Kolleginnen und Kollegen, häufig denjenigen mit Führungserfahrung.

Der Kerngedanke hinter dieser Methode ist der generationenübergreifende Austausch. Reverse Mentoring fördert nicht nur das gegenseitige Verständnis, sondern auch die Offenheit für neue Denkweisen und die Bereitschaft zur Veränderung. In unserer digitalen und dynamischen Arbeitswelt ist es entscheidend, dass Unternehmen nicht nur auf Erfahrung setzen, sondern auch auf frische Perspektiven und technologische Kompetenz.

Reverse Mentoring basiert auf der Erkenntnis, dass Fachwissen und Innovationskraft nicht zwangsläufig mit Lebensjahren oder Hierarchieebenen korrelieren. Vielmehr geht es darum, voneinander zu lernen, unabhängig vom Alter oder von der Position im Unternehmen. Diese Form des Lernens ist zielgerichtet, praxisnah und oft überraschend wirkungsvoll.

Obwohl manche Führungskräfte dem Format zunächst mit Skepsis begegnen, zeigt sich in der Praxis: Beide Seiten profitieren. Die jungen Mentor:innen erleben Wertschätzung und Einfluss, während die erfahrenen Mentees neue Impulse erhalten, die ihre strategische Arbeit bereichern und ihre digitale Kompetenz stärken.

7.2.2 Wie funktioniert Reverse Mentoring konkret?

Reverse Mentoring wird in der Regel als strukturierter Dialog zwischen einem jüngeren Mitarbeitenden und einer erfahrenen Führungskraft gestaltet. In regelmäßigen Treffen – ob persönlich, virtuell oder hybrid – tauschen sich beide über relevante Themen aus. Der Fokus liegt dabei auf Bereichen, in denen der Mentor über besondere Expertise verfügt: etwa digitale Trends, agile Arbeitsweisen, Diversity & Inclusion, Nachhaltigkeit oder die Erwartungen der Generation Z.

Die Führungskraft erhält durch diesen Austausch nicht nur technisches Wissen, sondern auch ein tieferes Verständnis für die Werte, Kommunikationsstile und Prioritäten der jüngeren Generation. Gleichzeitig bringt sie ihre eigene Erfahrung, strategische Sichtweise und unternehmerisches Denken ein. So entsteht ein beidseitiger Lernprozess, der über das reine Vermitteln von Informationen hinausgeht, bis hin zu einem echten Perspektivwechsel.

Reverse Mentoring kann als Einzelinitiative oder als Bestandteil eines größeren Talent- oder Transformationsprogramms etabliert werden. Entscheidend für den Erfolg sind eine klare Zielsetzung, gegenseitiger Respekt und eine offene, vertrauensvolle Gesprächskultur.

7.2.3 Warum Reverse Mentoring für Unternehmen immer relevanter wird

Reverse Mentoring hat sich längst als wirksames Instrument in der Führungskräfteentwicklung etabliert. Unternehmen wie Bosch, Allianz, und BMW setzen bereits seit Jahren auf dieses Format und berichten von positiven Effekten auf Innovationskraft, Unternehmenskultur und Führungskompetenz.

Der Wandel in der Arbeitswelt macht deutlich: Klassische Hierarchien und Altersstrukturen reichen nicht mehr aus, um den Anforderungen der digitalen Transformation gerecht zu werden. Während früher das Alter als verlässlicher Indikator für berufliche Erfahrung und Führungskompetenz galt, zeigt sich heute ein differenzierteres Bild. Digitale Technologien, Plattformen und agile Arbeitsweisen sind für die Generation der Digital Natives selbstverständlich, für viele ältere Mitarbeitende hingegen oft Neuland.

Reverse Mentoring trägt dieser Realität Rechnung. Es schafft Räume, in denen Statusgrenzen bewusst durchbrochen werden: Ein Auszubildender kann einer Managerin neue Perspektiven eröffnen, ein Quereinsteiger einer Projektleitung wertvolle Impulse geben. Diese Umkehr der klassischen Rollenverteilung ist kein Kontrollverlust, sondern ein strategischer Zugewinn für beide Seiten.

Unternehmen, die Reverse Mentoring gezielt einsetzen, fördern nicht nur den Wissenstransfer, sondern auch eine Kultur der Offenheit, des gegenseitigen Respekts und der kontinuierlichen Weiterentwicklung. Führungskräfte lernen, sich in neue Denkweisen hineinzuversetzen, digitale Kompetenzen aufzubauen und die Bedürfnisse jüngerer

Generationen besser zu verstehen. Gleichzeitig erleben junge Mitarbeitende, dass ihre Expertise gefragt ist und dass sie aktiv zur Zukunftsfähigkeit des Unternehmens beitragen können.

Die Wurzeln des Reverse Mentoring reichen im Übrigen zurück in die 1990er-Jahre, initiiert von einem der einflussreichsten Unternehmenslenker seiner Zeit: Jack Welch, damaliger CEO von General Electric (GE). Welch erkannte früh, dass digitale Technologien das Geschäftsleben grundlegend verändern würden. Gleichzeitig stellte er fest, dass viele seiner Führungskräfte kaum Berührungspunkte mit dem Internet und den damit verbundenen Entwicklungen hatten.

Um diesem Wissensdefizit entgegenzuwirken, startete Welch ein ungewöhnliches, aber wegweisendes Programm: Er forderte rund 600 Topmanager auf, sich innerhalb des Konzerns junge, technikaffine Mitarbeitende als Mentoren zu suchen. Ziel war es, den digitalen Rückstand der Führungsebene durch gezielten Austausch mit der jüngeren Generation zu überwinden. Welch selbst lebte das Prinzip vor und ließ sich ebenfalls von einem jungen Kollegen coachen, ein klares Signal für kulturellen Wandel und Lernbereitschaft auf allen Ebenen.

Dieses mutige Vorgehen gilt heute als Geburtsstunde des Reverse Mentoring und hat den Grundstein für eine neue Art der Führungskräfteentwicklung gelegt, und zwar eine, die auf Offenheit, gegenseitigem Respekt und generationenübergreifendem Lernen basiert.

7.2.4 Die Mehrwerte von Reverse Mentoring für Unternehmen und Mitarbeitende

Reverse Mentoring verfolgt u. a. das Ziel, erfahrene Mitarbeitende, insbesondere Führungskräfte, gezielt im digitalen

Bereich weiterzubilden. Doch der Nutzen geht weit über reines Technologieverständnis hinaus. Das Format schafft eine Vielzahl von Vorteilen, die sowohl das Unternehmen als Ganzes als auch die beteiligten Personen nachhaltig stärken.

1. Digitale Kompetenz gezielt ausbauen

Kontinuierliches Lernen ist essenziell. Reverse Mentoring ermöglicht Führungskräften, praxisnahes Wissen über moderne Anwendungen, Plattformen und digitale Trends zu erwerben und direkt von denjenigen, die damit täglich arbeiten. Das stärkt ihre Wettbewerbsfähigkeit und fördert digitale Souveränität.

2. Generationen besser verstehen

Der Austausch zwischen Jung und Alt schafft ein tieferes Verständnis für unterschiedliche Denkweisen, Werte und Arbeitsstile. Führungskräfte erhalten Einblicke in die Erwartungen und Kommunikationsformen der jüngeren Generation, was ein entscheidender Faktor für zukunftsorientierte Führung und Mitarbeiterbindung ist.

3. Hierarchien abbauen, Kultur stärken

Reverse Mentoring fördert eine offene, lernbereite Unternehmenskultur. Indem Statusgrenzen bewusst durchbrochen werden, entsteht ein Raum für ehrlichen Dialog und gegenseitige Wertschätzung. Das stärkt die Zusammenarbeit über Abteilungs- und Hierarchiegrenzen hinweg und macht das Unternehmen agiler und menschlicher.

4. Innovationskraft entfalten

Junge Mitarbeitende bringen frische Perspektiven und kreative Impulse ein. Führungskräfte werden angeregt, bestehende Prozesse zu hinterfragen und neue Ideen zu entwickeln. Reverse Mentoring wirkt damit als Katalysator für Innovation und Veränderungsbereitschaft.

5. Teamgeist und Vertrauen fördern
Ganz nebenbei entstehen durch den regelmäßigen Austausch oft kollegiale Beziehungen, die das generationenübergreifende Verständnis vertiefen und das Teamgefühl stärken. Der offene Umgang mit unterschiedlichen Kompetenzprofilen wirkt sich langfristig positiv auf die Zusammenarbeit und die Performance aus.

6. Persönliche Entwicklung auf beiden Seiten
Mentor:innen erleben eine Stärkung ihres Selbstbewusstseins und ihrer Kommunikationsfähigkeit. Mentees profitieren von praxisnaher Wissensvermittlung und neuen Denkimpulsen. Reverse Mentoring ist damit ein echtes Win-win-Modell für Mitarbeitende, Teams und Organisationen.

7.2.5 So gelingt die erfolgreiche Einführung von Reverse Mentoring im Unternehmen

Reverse Mentoring entfaltet seine volle Wirkung nur dann, wenn es auf einem realistischen Bild der vorhandenen Kompetenzen und einem klaren Verständnis der Lernziele basiert. Der erste Schritt zur erfolgreichen Implementierung ist daher eine fundierte Bedarfsanalyse, sie bildet das Fundament für ein passgenaues und wirksames Mentoringprogramm.

1. Bedarfsanalyse: Wo besteht Lernpotenzial?
Die Ermittlung des Mentoringbedarfs sollte systematisch und sensibel erfolgen. Denn gerade erfahrene Mitarbeiten-

de sprechen selten offen über Wissenslücken wie etwa im Umgang mit digitalen Tools oder neuen Technologien. Umso wichtiger ist es, neutrale und wertschätzende Methoden einzusetzen:

- Anonyme Umfragen zur Selbsteinschätzung digitaler Kompetenzen
- Einzeltests oder kurze Assessments mit objektiver Auswertung
- Feedbackgespräche im Rahmen von Entwicklungsgesprächen oder Trainings

Die Analyse sollte alle Hierarchieebenen einbeziehen, also auch die Führungsetage. Denn digitale Kompetenz ist keine Frage der Position, sondern der Praxisnähe. Selbst langjährige Manager:innen können von einem Reverse-Mentoring-Ansatz profitieren, wenn er respektvoll und lösungsorientiert gestaltet ist.

2. Konzeption und Teamstruktur: Lernen im vertrauensvollen Tandem

Nach Abschluss der Bedarfsanalyse folgt die konkrete Ausgestaltung des Programms. Bewährt hat sich eine Lernstruktur in kleinen, überschaubaren Teams, idealerweise als 1:1-Tandems. Dieses Setting ermöglicht einen geschützten Raum für Austausch, Vertrauen und persönliche Entwicklung.

- Mentoring unter vier Augen fördert Offenheit und gegenseitige Wertschätzung.
- Großgruppenformate oder öffentliche Settings sind weniger geeignet, da sie Unsicherheiten verstärken und das Risiko von Bloßstellung erhöhen können.
- Sympathie und persönliche Passung sollten bei der Teamzusammenstellung berücksichtigt werden neben fachlichen Kriterien.

Gerade ältere Mitarbeitende oder Führungskräfte lassen sich nur dann auf Reverse Mentoring ein, wenn es nicht als Bewertung ihrer bisherigen Leistung, sondern als Chance zur Weiterentwicklung verstanden wird. Ein sensibler Umgang mit Rollen, Sprache und Erwartungen ist hier entscheidend.

3. Erfolgsfaktoren für die Umsetzung
- Klare Kommunikation über Ziele, Ablauf und Nutzen des Programms
- Vertraulichkeit und Wertschätzung als Grundprinzipien
- Regelmäßige Reflexion durch Feedbackrunden und Zwischenbilanz
- Begleitende Trainings zu Themen wie Datenschutz, Coachingkompetenz oder digitale Tools

7.2.6 Mögliche Risiken im Reverse Mentoring

Reverse Mentoring gilt als wirkungsvolles Format für den generationenübergreifenden Wissensaustausch und birgt bei guter Vorbereitung nur wenige Risiken. Dennoch lohnt es sich, potenzielle Stolpersteine frühzeitig zu erkennen und gezielt zu adressieren, um Enttäuschungen und Reibungsverluste zu vermeiden.

1. Unklare Erwartungen und Zielsetzungen
Ein häufiger Grund für ausbleibenden Lernerfolg liegt in mangelnder Zielklarheit. Wenn Mentor:in und Mentee nicht wissen, worauf sie hinarbeiten oder welche Themen im Fokus stehen sollen, bleibt der Austausch vage. Die Lösung: Vor Beginn des Programms sollten gemeinsame Ziele, Rollenverständnisse und thematische Schwerpunkte klar definiert werden, idealerweise in einem Kick-off-Gespräch.

2. Fehlende persönliche Passung im Tandem

Die Qualität des Lernprozesses hängt stark von der Beziehung zwischen den Beteiligten ab. Gegenseitige Sympathie, Offenheit und Vertrauen sind entscheidend, um Barrieren zu überwinden und ehrliche Gespräche zu ermöglichen. Eine sorgfältige Auswahl der Tandems wie etwa durch Matchingfragebögen oder ein kurzes Kennenlernen vorab kann hier viel bewirken.

3. Ausbleibendes Feedback und fehlende Reflexion

Ohne regelmäßige Reflexionsphasen bleibt der Lernfortschritt unsichtbar. Es empfiehlt sich, zur Halbzeit des Mentoringzyklus eine strukturierte Feedbackrunde einzubauen. Dabei stehen die Erfahrungen beider Seiten, der persönliche Erkenntnisgewinn und mögliche Anpassungen im Fokus. Bei positiver Resonanz kann das Tandem in gleicher Konstellation fortgeführt werden oder es können neue Impulse durch einen Wechsel entstehen.

4. Unsicherheiten beim Umgang mit sensiblen Daten

Ein oft unterschätztes Risiko liegt im Bereich Datenschutz. Gerade wenn digitale Tools, Plattformen oder interne Prozesse thematisiert werden, ist ein verantwortungsvoller Umgang mit vertraulichen Informationen essenziell. Reverse Mentoring sollte daher mit einer kurzen Einführung in Datenschutzgrundlagen starten inklusive klarer Regeln für den Umgang mit sensiblen Inhalten.

Risiken minimieren – Potenziale entfalten

Mit klarer Kommunikation, sorgfältiger Vorbereitung und einer wertschätzenden Haltung lassen sich die wenigen Risiken im Reverse Mentoring gut steuern. Entscheidend ist, dass beide Seiten sich als Lernende verstehen mit dem gemeinsamen Ziel, voneinander zu profitieren und die Zukunft des Unternehmens aktiv mitzugestalten.

7.2.7 Rollen und Beiträge von Assistenzen im Reverse Mentoring

Assistenzen können beim Reverse Mentoring eine zentrale Rolle spielen, nicht nur als Teilnehmende, sondern auch als Gestalter:innen des Prozesses. Hier sind verschiedene Möglichkeiten, wie sie aktiv mitwirken und das Format strategisch unterstützen können:

Initiator:innen und Brückenbauer:innen
- Assistenzen kennen oft beide Seiten: die Bedürfnisse der Führungsebene und die Dynamik im Team.
- Sie können Reverse-Mentoring-Programme vorschlagen, strukturieren und als neutrale Vermittler:innen zwischen Generationen agieren.
- Durch ihre Nähe zur Führungskraft können sie gezielt Themen identifizieren, bei denen ein Perspektivwechsel besonders wertvoll wäre.

Mentor:innen oder Mentees
- Je nach Erfahrung und digitaler Kompetenz können Assistenzen selbst als Mentor:innen auftreten, etwa bei Themen wie digitale Tools, hybride Zusammenarbeit oder Social Media.
- Umgekehrt können sie auch als Mentees von jüngeren Kolleg:innen profitieren, z. B. bei neuen Technologien oder Trends im Bereich KI und Automatisierung.

Strukturgeber:innen im Prozess
- Sie können den Ablauf des Reverse Mentoring koordinieren: Termine planen, Gesprächsleitfäden entwickeln, Feedbackschleifen einbauen.
- Ihre Stärke in Organisation und Kommunikation hilft, das Format nachhaltig und effizient zu gestalten.

Kulturfördernde Impulsgeber:innen
- Assistenzen sind oft Multiplikator:innen für Kulturwandel. Sie können Reverse Mentoring als Teil einer modernen, lernorientierten Unternehmenskultur sichtbar machen.
- Durch ihre Vorbildfunktion stärken sie Offenheit, Vertrauen und gegenseitige Wertschätzung im Unternehmen.

Dokumentation und Wirkungsmessung
- Sie können Erkenntnisse aus den Mentoringgesprächen dokumentieren und Impulse für Weiterentwicklungen ableiten.
- Auch die Evaluation des Programms wie etwa durch Feedbackbögen oder kurze Interviews kann von Assistenzen begleitet werden.

Vielleicht wirst auch du künftig in diesem Bereich Erfahrungen mit deiner Führungskraft sammeln oder sie gar dazu ermutigen, mal in den Bereich Reverse Mentoring reinzuschauen. Ich glaube, es ist ein hochspannendes Feld und bietet zahlreiche Optionen.

Literatur

Allianz (April 2021). *Diversity & Inclusion Policy at Allianz*. München: Allianz SE. Abgerufen am 31.10.2025 von https://www.allianz.com/content/dam/onemarketing/azcom/Allianz_com/about-us/strategy-values/diversity/Diversity_and_Inclusion_Policy_Apr2021.pdf

Bosch Web Editorial Team (22.02.2023). *Learning from the next generation*. Lohr a.M.: Bosch Rexroth AG. Abgerufen am 31.10.2025 von https://www.boschrexroth.com/en/dc/learning-from-the-next-generation/

Hatzel, M. (17.12.2019). *BMW Group Digitalisierungsoffensive in der Berufsausbildung sichert Nachwuchskräfte der „Generation Z" // Digitale Lern- und Kollaborations-Plattformen sowie mobile „State-of-the-Art"-Endgeräte schaffen attraktives und zukunftsorientiertes Arbeitsumfeld für die „Digital Natives"*. München: BMW AG. Abgerufen am 31.10.2025 von https://www.press.bmwgroup.com/deutschland/article/detail/T0303811DE/bmw-group-digitalisierungsoffensive-in-der-berufsausbildung-sichert-nachwuchskraefte-der-%E2%80%9Egeneration-z%E2%80%9C-digitale-lern-und-kollaborations-plattformen-sowie-mobile-%E2%80%9Estate-of-the-art%E2%80%9C-endgeraete-schaffen-attraktives-und-zukunftsorientiertes-arbeitsumfeld-fuer-die-%E2%80%9Edigital-natives%E2%80%9C?language=de

Zettel, M. (02.05.2024). *Der Youth Council 2023/2024 zieht Zwischenbilanz*. Berlin: Axel Springer SE. Abgerufen am 31.10.2025 von https://www.axelspringer.com/de/inside/der-youth-council-2023-2024-zieht-zwischenbilanz

8

Strategische Tools für die Assistenz

Nachdem wir in den letzten Kapiteln viel über den potenziellen Bedarf des Managements gelesen haben, ist es nun an der Zeit, wieder auf dich, deine mögliche Entwicklung und Stärken zu schauen.

Geschäftswachstum ist für jedes Unternehmen unerlässlich, das langfristig wettbewerbsfähig und erfolgreich bleiben möchte. Doch Wachstum entsteht nicht allein durch Strategie, es braucht Menschen, die diese Strategie mit Leben füllen.

Die Assistenz hat dabei eine zentrale Funktion. Je nach Rolle innerhalb der Assistenzmatrix (Tab. 8.1) trägt die Assistenz auf unterschiedliche Weise zum Wachstum bei.

Mit der richtigen Positionierung, den passenden Kompetenzen und einem klaren Rollenverständnis kann die Assistenz das Wachstum eines Unternehmens nicht nur begleiten, sondern mitgestalten und so dazu beitragen, dass das volle Potenzial entfaltet wird.

© Der/die Autor(en), exklusiv lizenziert an Springer Fachmedien Wiesbaden GmbH, ein Teil von Springer Nature 2026
D. Brandl, *Erfolgsfaktor Assistenz*, Fit for Future,
https://doi.org/10.1007/978-3-658-50545-5_8

Tab. 8.1 Die Assistenzmatrix

Stufe	Name	Beschreibung	Typisches Verhalten
1	Beobachten	Passives Wahrnehmen, ohne aktives Eingreifen	Zuhören, analysieren, dokumentieren
2	Reagieren	Unterstützung auf Anfrage oder bei Bedarf	Antworten, helfen, ausführen
3	Supporten	Proaktive Hilfe, ohne Führungsanspruch	Vorschläge machen, vorbereiten
4	Agieren	Eigenständiges Handeln im Rahmen definierter Aufgaben	Entscheidungen treffen, umsetzen
5	Führen	Strategische Leitung, Verantwortung übernehmen, andere koordinieren	Delegieren, motivieren, steuern

Call to Action

Beobachte dich selbst in verschiedenen Situationen:

- In Meetings: Hörst du nur zu oder steuerst du mit?
- In Projekten: Wartest du auf Aufgaben oder bringst du Ideen ein?
- Im Tagesgeschäft: Reagierst du oder gestaltest du mit?

Nutze die Assistenzmatrix als Reflexionsinstrument:

- Wo befindest du dich gerade? Beim Beobachten, Reagieren, Supporten, Agieren oder Führen?
- Wie verändert sich deine Rolle je nach Kontext, Führungskraft oder Projektphase?
- Welche Stufe möchtest du häufiger einnehmen und was brauchst du dafür?

Inspirierend und empowernd:

- Nutze deine Rolle als Assistenz, um Wachstum aktiv mitzugestalten, und zwar strategisch, sichtbar und wirksam. Dein Beitrag zählt.

Praktisch und handlungsorientiert:

- Reflektiere deine aktuelle Position in der Assistenzmatrix: Wo stehst du und wo willst du hin? Entwickle konkrete Schritte, um deine Rolle als Wachstumspartner:in zu stärken.

Dialogfördernd und strategisch:

- Initiiere ein Gespräch mit deiner Führungskraft und kläre: Wie kann deine Assistenzrolle gezielt zum Geschäftswachstum beitragen? Gemeinsam entsteht Wirkung.

Nimm dir bewusst Zeit zur Reflexion. Notiere Situationen, in denen du agiert hast und solche, in denen du geführt hast. Erkenne deine Muster, feiere deine Fortschritte und definiere deine nächsten Schritte. Deine Rolle ist nicht statisch, sie wächst mit dir.

Die Global Skills Matrix der World Administrators Alliance hat sich diesem Thema schon seit Jahren gewidmet. Es lohnt sich, diese Matrix einmal näher zu beleuchten.

8.1 Die Rolle der World Administrators Alliance

Die World Administrators Alliance (WA-Alliance) ist ein internationaler Berufsverband, der sich der Förderung und Weiterentwicklung administrativer Berufe widmet. Sie vertritt weltweit Einzelpersonen, Netzwerke und Organisationen. Ihr Ziel ist es, den Assistenzberuf global zu stärken,

Standards zu setzen und die Sichtbarkeit dieser Rolle zu erhöhen.

Fakten zur WA-Alliance:

- Registriert als gemeinnütziger Berufsverband in den USA.
- Veranstalter des World Administrators Summit, einem internationalen Arbeitsmeeting seit 1992, bei dem globale Themen diskutiert und Lösungen erarbeitet werden.
- Alle Infos gibt es hier: https://wa-alliance.com/home/

Ich unterstütze die Arbeit der WA-Alliance seit vielen Jahren und habe ehrenamtliche Aufgaben im Council übernommen. Die Arbeit im Council der WA-Alliance bedeutet, Teil eines globalen Netzwerks zu sein, das über Ländergrenzen hinweg zusammenarbeitet, um administrative Rollen zu professionalisieren, zu stärken und sichtbar zu machen. Man ist nicht nur Beobachter:in, sondern Impulsgeber:in, man bringt Themen ein, entwickelt Standards mit, gibt Feedback zu internationalen Projekten wie der Global Skills Matrix und hilft dabei, die Stimme von Tausenden Executive Support Professionals weltweit zu vertreten.

Bereichernd ist diese Arbeit auf vielen Ebenen. Fachlich, weil man Einblicke in globale Trends und Best Practices bekommt. Persönlich, weil man mit inspirierenden Menschen aus aller Welt zusammenarbeitet, die dieselbe Leidenschaft teilen; und gesellschaftlich, weil man aktiv dazu beiträgt, ein Berufsbild zu verändern, das oft im Schatten steht, obwohl es, wie wir wissen, in Wahrheit das Rückgrat vieler Organisationen ist.

Man ist Teil einer Bewegung, die nicht nur fordert, sondern gestaltet. Die Council-Arbeit ist ein Ort für Visionen, für Austausch auf Augenhöhe und für echte Wirkung. Und gerade mit Blick auf den Summit 2026 in Berlin wird aktive Mitwirkung noch bedeutender, denn man hilft mit, dieses historische Event vorzubereiten und zu einem Meilenstein für die Community zu machen.

Ich ziehe vor dem aktuellen Council den Hut für all ihre wertvollen Arbeit und freue mich zu sehen, dass sich immer weiter Menschen ehrenamtlich engagieren. Ich kann für meinen Teil nur festhalten: Es lohnt sich!

8.2 Die Global Skills Matrix

Ein zentrales Projekt der WA-Alliance ist die Global Skills Matrix (GSM). Dabei handelt es sich um ein international anerkanntes Kompetenzmodell, das Assistenzrollen in fünf klar definierte Karrierestufen unterteilt, von einfachen, reaktiven Aufgaben bis hin zur strategischen Zusammenarbeit mit Führungskräften auf Augenhöhe. Die Matrix wurde auf Basis einer weltweiten Umfrage mit über 3000 Teilnehmenden aus 61 Ländern entwickelt und bietet eine strukturierte Übersicht über Aufgaben, Verantwortlichkeiten und Entwicklungsmöglichkeiten. Es hat uns eine gemeinsame Sprache gegeben, um die Komplexität unserer Arbeit zu beschreiben, klare Karrierewege aufgezeigt und gegenüber Führungskräften bewiesen, dass Administration keine statische Rolle ist, sondern ein Beruf mit wachsender strategischer Bedeutung.

Seitdem wurde die GSM über 13.000-mal in mehr als 120 Ländern heruntergeladen. Organisationen weltweit haben sie genutzt, um Karriere-Frameworks zu implementieren, Supportfunktionen neu zu strukturieren und Assistenzen endlich die Anerkennung zu geben, die sie verdienen.

Das ist der aktuelle Stand der GSM und für diejenigen spannend, die bisher davon noch nichts gehört haben. Alle Downloads gibt es zudem hier: https://globalskillsmatrix. com/.

Die fünf Stufen der Global Skills Matrix beschreiben die Entwicklung administrativer Rollen von einer unterstützenden Funktion hin zu einer strategischen Partnerschaft mit Führungskräften. Sie helfen dabei, Aufgaben, Kompetenzen und Verantwortungsbereiche klar zu definieren unabhängig vom Jobtitel.

Level 1 – Entry Level/Reaktiv

Assistenzen auf dieser Stufe führen klar definierte, meist repetitive Aufgaben aus. Sie arbeiten nach Vorgaben, reagieren auf Anforderungen und benötigen häufig Anleitung. Die Rolle ist operativ und wenig eigenständig.

Level 2 – Operativ/Unterstützend

Hier übernehmen Assistenzen bereits eigenständig Aufgaben, sind gut organisiert und unterstützen Teams oder einzelne Führungskräfte. Sie zeigen Eigeninitiative, arbeiten effizient und sind in der Lage, Prioritäten zu setzen, allerdings noch ohne strategischen Einfluss.

Level 3 – Koordinierend/Selbstständig

Diese Stufe beschreibt Assistenzen, die komplexe Aufgaben koordinieren, Prozesse optimieren und mehrere Stakeholder managen. Sie sind proaktiv, denken mit und übernehmen Verantwortung für Abläufe und Ergebnisse. Ihre Arbeit hat bereits Einfluss auf die Effizienz des Managements.

Level 4 – Strategisch/Partnerschaftlich

Assistenzen auf diesem Niveau sind echte Businesspartner:innen. Sie arbeiten eng mit Führungskräften zusammen, verstehen deren Ziele und tragen aktiv zur Umsetzung bei. Sie analysieren, beraten und sind in strategische Entscheidungen eingebunden. Ihre Rolle ist nicht nur unterstützend, sondern mitgestaltend.

Level 5 – Leadership/Einflussreich

Diese Stufe ist stellenweise noch selten, aber entscheidend: Assistenzen mit Führungsverantwortung, etwa für andere Office Professionals, oder mit direktem Einfluss auf Unternehmensprozesse. Sie agieren als Mentor:innen, treiben Innovationen voran und sind Teil der strategischen Führungsebene. Hier ist auch der Titel Chief of Staff angesiedelt. Diese Rolle ist KEINE Assistenzrolle.

Die GSM hilft dir nicht nur dabei, die eigene Position besser zu verstehen, sondern auch, Entwicklungspotenziale sichtbar zu machen für HR, Management und die Assistenzen selbst.

Für Unternehmen ist die GSM von großer Bedeutung, weil sie Klarheit schafft. In vielen Organisationen sind die tatsächlichen Aufgaben von Assistenzen nicht in den offiziellen Stellenbeschreibungen oder Jobtiteln abgebildet. Das führt zu Frustration, fehlender Anerkennung und ungenutztem Potenzial. Die GSM hilft, diese Diskrepanz zu überwinden, indem sie eine gemeinsame Sprache für Kompetenzen und Karrierestufen bietet.

Management und HR profitieren ebenfalls. Die Matrix erleichtert die Erstellung von Stellenprofilen, die Planung von Weiterbildungen und die strategische Personalentwicklung. Sie unterstützt dabei, Talente gezielt zu fördern und administrative Rollen als wertvolle, strategische Ressourcen zu erkennen. Gerade in Zeiten, in denen Unternehmen agiler und effizienter arbeiten müssen, ist es entscheidend, das volle Potenzial von Office Professionals zu nutzen.

Doch die Arbeitswelt hat sich drastisch verändert. Künstliche Intelligenz, hybride Arbeitsmodelle und der wachsende Bedarf an administrativer Führung auf höchster Ebene bedeuten, dass sich auch die Global Skills Matrix weiterentwickeln muss. Die WA-Alliance steht kurz davor, ein Update zu veröffentlichen und daher läuft aktuell (November

2025) eine neue Umfrage. Es wird spannend sein, die Erkenntnisse daraus zu lesen und vielleicht wissen wir alle bereits mehr, bevor dieses Buch erscheint.

Ich möchte dich ermutigen, die Matrix deinem Management und HR vorzustellen. Warum?

- HR-Strategie: Die GSM hilft bei der Erstellung von Stellenbeschreibungen, Gehaltsstrukturen und Trainingsplänen.
- Talentförderung: Sie identifiziert Potenziale und unterstützt gezielte Personalentwicklung.
- Globale Vergleichbarkeit: Besonders für internationale Unternehmen ist die Matrix ein wertvolles Tool zur Harmonisierung von Rollen und Erwartungen.
- Employer Branding: Die Wertschätzung administrativer Rollen stärkt das Image als attraktiver Arbeitgeber.

8.3 Der World Administrators Summit

Die World Administrators Summit (WA-Summit) ist das zentrale internationale Arbeitstreffen der WA-Alliance und findet alle zwei Jahre statt. In unserer Branche wird es gerne auch der G8-Gipfel der Industrie genannt. Es ist kein klassischer Kongress, sondern ein intensives, zweitägiges Arbeitsformat, bei dem Delegierte aus der ganzen Welt zusammenkommen, um die Zukunft des Assistenzberufs aktiv mitzugestalten.

Was passiert bei einem WA-Summit?
Die Teilnehmenden – meist Vertreter nationaler Berufsverbände und erfahrene Executive Support Professionals sowie Businesspartner:innen – diskutieren aktuelle Herausforderungen, Trends und strategische Fragen rund um die Execu-

tive-Support-Rollen. Die Themen werden im Vorfeld über globale Umfragen gesammelt, sodass die Inhalte direkt aus der Praxis kommen. Ziel ist es, konkrete Handlungsempfehlungen und globale Standards zu entwickeln, wie etwa die Überarbeitung der Global Skills Matrix.

Beim Summit 2024 in Wellington, Neuseeland, wurden die Stimmen von über 120.000 administrativen Fachkräften durch die Delegierten vertreten. Ein wahnsinniger Erfolg. Genau da möchte das Event in Berlin 2026 aufbauen.

Der 14. World Administrators Summit findet im Oktober 2026 in Berlin statt, ein besonderes Highlight, denn Deutschland ist nach 2018 in Frankfurt (wo ich selbst teilgenommen habe und Deutschland repräsentieren durfte) erneut Gastgeberland. Organisiert wird das Event in Zusammenarbeit mit International Management Assistants (IMA), die am 23. Oktober 2026 ihre eigene internationale Jahreskonferenz veranstalten.

Die Summit-Arbeitssitzungen selbst laufen über zwei Tage, und es wird auch eine Pre-Summit-Diskussion online am 19. September 2026 geben, bei der erste Themen gesammelt und vorbereitet werden.

Für Teilnehmende, die beide Events besuchen, sind attraktive Kombitarife geplant. Das macht Berlin 2026 zu einem der wichtigsten Treffpunkte für Executive Support Professionals weltweit. Ich bin selbst wieder vor Ort dabei und bin schon jetzt auf die zahlreichen Diskussionen gespannt. Soviel sei vorweg gesagt: Jedes Mal wird dort Geschichte geschrieben. Durch Menschen, Taten und Visionen. Ein Privileg, dabei sein zu dürfen.

Literatur

World Administrators Alliance (o. D.a). *World Admistrators Alliance.* Abgerufen am 31.10.2005 von https://wa-alliance.com/home/

World Administrators Alliance (o. D.b). *The Global Skills Matrix.* Abgerufen am 31.10.2025 von https://globalskillsmatrix.com/

9

Stärkenarbeit und Positive Psychologie

In den letzten Jahren habe ich mich intensiv mit dem Thema Stärkenarbeit und Positiver Psychologie auseinandergesetzt. Ich bin zertifizierter Stärkencoach geworden und lasse die Methoden in meine Trainings und Coachings einfließen, ob bei der Arbeit mit Executive Support Professionals oder Führungskräften.

Assistenzen sind gefordert, ihre Rolle nicht nur auszufüllen, sondern aktiv zu gestalten. Stärkenarbeit und Positive Psychologie bieten kraftvolle Ansätze, um Selbstvertrauen, Resilienz und strategische Wirksamkeit zu fördern. Sie helfen, die oft unsichtbare Leistung sichtbar zu machen, nicht durch Defizitanalyse, sondern durch Ressourcenaktivierung.

Die Positive Psychologie, maßgeblich geprägt durch den US-amerikanischen Psychologen Martin Seligman, erforscht die Bedingungen für ein gelingendes Leben. Sie fragt nicht: „Was fehlt?", sondern: „Was funktioniert bereits gut?" Im beruflichen Kontext bedeutet das, den Fokus

© Der/die Autor(en), exklusiv lizenziert an Springer Fachmedien Wiesbaden GmbH, ein Teil von Springer Nature 2026
D. Brandl, *Erfolgsfaktor Assistenz*, Fit for Future,
https://doi.org/10.1007/978-3-658-50545-5_9

auf Stärken, Sinn, Beziehungen und Entwicklung zu legen, statt auf Schwächen und Probleme.

Für Executive Support Professionals heißt das: Die eigene Rolle nicht nur als Reaktion auf Anforderungen zu verstehen, sondern stattdessen als aktiven Beitrag zum Unternehmenserfolg. Wer seine Stärken kennt und gezielt einsetzt, wird zur strategischen Partner:in, zur Möglichmacher:in, zur Kulturträger:in.

9.1   Der Gallup-StrengthsFinder

Ein zentrales Instrument der Stärkenarbeit ist der Gallup-StrengthsFinder, heute bekannt als CliftonStrengths. Er basiert auf jahrzehntelanger Forschung und identifiziert 34 Talentthemen (von Strategie, Einfühlungsvermögen und Organisation bis hin zu Bindungsfähigkeit, Analytik oder Tatkraft).

Der Test zeigt nicht nur, was jemand gut kann, sondern wie diese Stärken im Alltag wirken. Die Top-5-Stärken eines Menschen bilden ein individuelles Kompetenzprofil, das als Ausgangspunkt für persönliche Entwicklung und Rollenklärung dient.

Für uns ist das besonders wertvoll:
- Selbstbewusstsein stärken: Die eigenen Stärken zu kennen, schafft Klarheit und Selbstvertrauen.
- Rollenentwicklung fördern: Stärken zeigen, wo Potenzial liegt und helfen, neue Aufgabenfelder zu erschließen.
- Strategische Kommunikation: Wer seine Stärken benennen kann, kommuniziert gezielter mit Führungskräften und Teams.

Impulse für die Praxis:

- Stärkenreflexion: Welche deiner Topstärken nutzt du regelmäßig? Wo bleiben sie ungenutzt?
- Stärkenstrategie: Wie kannst du deine Stärken gezielt in Meetings, Projekten oder Konflikten einsetzen?
- Stärkensprache: Übe, deine Stärken in professioneller Sprache zu kommunizieren wie z. B. im Jahresgespräch oder bei Rollenklärung.

9.1.1 Positive Psychologie als Haltung

Für moderne Assistenzrollen ist die Positive Psychologie ein Methodenkoffer, aber zugleich auch Haltung. Sie bedeutet, sich selbst als wirksam zu erleben, Sinn zu stiften und andere zu stärken.

In der globalen Unsicherheit, in der wir uns derzeit befinden, wird die Fähigkeit, Ressourcen zu aktivieren, zur Schlüsselkompetenz. Stärkenarbeit ist dabei keinesfalls ein Luxus. Sie dient als Fundament für Zukunftskompetenz.

Umsetzung von Stärkenarbeit

1. Stärkenprofil mit dem CliftonStrengths-Tool erstellen:

- Durchführung des Gallup-Tests (online verfügbar für ca. 70 €) zur Identifikation der persönlichen Top-5-Stärken.
- Reflexion: Welche dieser Stärken kommen im Arbeitsalltag bereits zum Einsatz? Welche bleiben ungenutzt?
- Beispiel: Eine Assistenz mit Bindungsfähigkeit, Einfühlungsvermögen und Organisation kann gezielt Beziehungsmanagement, Konfliktmoderation und Meetingstruktur übernehmen.

2. Stärken sichtbar machen im Alltag:

- In Meetings bewusst Stärken einbringen („Ich übernehme das, weil meine Stärke Tatkraft hier gut passt.").
- In E-Mails oder Statusberichten Stärken benennen („Dank meiner Stärke Analytik habe ich die Zahlenstruktur optimiert.").
- In Jahresgesprächen oder Feedbackrunden aktiv mit dem eigenen Stärkenprofil argumentieren.

3. Stärkentagebuch oder Wochenreflexion:

- Wöchentliche Selbstreflexion: Welche Stärke habe ich diese Woche eingesetzt? Was war die Wirkung?
- Ergänzt durch eine Skala zur Selbstwirksamkeit („Wie wirksam habe ich mich erlebt – 1 bis 10?").
- Coachingimpuls: Welche Stärke hat dir geholfen, eine Herausforderung zu meistern?

4. Stärken im Teamkontext nutzen:

- Stärkendialog mit Kolleg:innen: gegenseitige Einschätzung und Feedback zu beobachteten Stärken.
- Rollenverteilung in Projekten nach Stärkenprofil (z. B. Strategie für Planung, Beziehungsaufbau für Stakeholderkommunikation).
- Szenario: Eine Assistenz moderiert ein Projektteam, indem sie ihre Stärke Harmoniestreben nutzt, um Spannungen früh zu erkennen und zu entschärfen.

5. Stärken als Entwicklungskompass:

- Karriereplanung entlang der Stärken: Welche Aufgabenfelder passen zu meinem Profil?
- Weiterbildung gezielt wählen, um Stärken zu vertiefen oder ergänzende Kompetenzen zu entwickeln.

- Beispiel: Wer Wissbegier als Stärke hat, kann sich als interne Wissensmanager:in oder Lernbegleiter:in positionieren.

6. Stärken in der Selbstpositionierung nutzen:

- In der Signatur, im Profil oder auf LinkedIn die eigenen Stärken benennen (Strategische Möglichmacherin mit Fokus auf Organisation und Beziehungsmanagement).
- In Bewerbungsgesprächen oder internen Rollenklärungen aktiv mit dem Stärkenprofil argumentieren.
- Coachingimpuls: Wie klingt deine Rolle, wenn du sie durch deine Stärken beschreibst?

Stärkenorientierte Selbstreflexion im Alltag

Tägliche Impulse:

- Welche meiner Stärken habe ich heute bewusst eingesetzt?
- Wo habe ich intuitiv gehandelt und welche Stärke steckt dahinter?
- Wann habe ich mich besonders wirksam gefühlt und warum?

Wöchentliche Rückschau:

- Welche Stärke hat mir geholfen, eine Herausforderung zu meistern?
- Wo hätte ich eine Stärke gezielter einsetzen können?
- Welche Rückmeldung habe ich bekommen und welche Stärke wurde darin sichtbar?

Zukunftsgerichtet:

- Welche meiner Stärken möchte ich in der kommenden Woche bewusst trainieren?

- Welche Aufgabenfelder passen besonders gut zu meinem Stärkenprofil?
- Wo wünsche ich mir mehr Raum für meine Stärken und wie kann ich das kommunizieren?

Stärkenorientierte Fragen (Strengthspotting)

Im Kolleg:innendialog:

- Welche Stärke nimmst du bei mir besonders wahr?
- In welchen Situationen erlebst du mich besonders wirksam?
- Was gelingt mir scheinbar mühelos und was sagt das über meine Stärken?

In der Führungskraftkommunikation:

- Welche meiner Stärken tragen aus deiner Sicht besonders zum Team- oder Unternehmenserfolg bei?
- Wo siehst du Potenzial, meine Stärken strategischer einzusetzen?
- Wie können wir meine Stärken gezielt in der Rollenentwicklung berücksichtigen?

Im Peer-Coaching oder Mentoring:

- Welche Stärke hat mich in meiner Rolle besonders weitergebracht?
- Wie gehe ich damit um, wenn meine Stärken im Alltag nicht gesehen werden?
- Welche Strategien nutze ich, um meine Stärken sichtbar zu machen?

Sonnenseite und Schattenseite: Zwei Seiten einer Stärke

Eine Stärke wirkt dann positiv, wenn sie bewusst, dosiert und kontextsensibel eingesetzt wird. Sie kann jedoch zur Belastung werden, wenn sie übersteuert, unreflektiert oder in einem Umfeld wirkt, das sie nicht braucht oder nicht wertschätzt.

Stärke	Sonnenseite	Schattenseite
Tatkraft (Activator)	Bringt Dinge ins Rollen, motiviert andere, handelt entschlossen	Ungeduldig, handelt vorschnell, übergeht Prozesse oder Details
Einfühlungsvermögen (Empathy)	Spürt Stimmungen, baut Vertrauen auf, fördert Teamgeist	Emotional überlastet, übernimmt fremde Probleme, verliert Distanz
Analytik (Analytical)	Denkt strukturiert, erkennt Muster, trifft fundierte Entscheidungen	Verliert sich in Details, wirkt kritisch oder distanziert
Bindungsfähigkeit (Relator)	Baut tiefe Beziehungen, schafft Vertrauen, fördert Loyalität	Bevorzugt Vertraute, tut sich schwer mit neuen Kontakten oder Veränderungen
Organisation (Discipline)	Plant zuverlässig, schafft Struktur, hält Prozesse stabil	Starrheit, geringe Flexibilität, Widerstand gegen spontane Impulse
Wissbegier (Learner)	Neugierig, offen für Neues, liebt Entwicklung	Verzettelt sich, springt von Thema zu Thema, meidet Routine

Reflexionsfragen zur Balance

- Wann hat mir diese Stärke besonders geholfen?
- Wann habe ich sie vielleicht übersteuert oder unbewusst eingesetzt?
- In welchem Kontext wird diese Stärke besonders geschätzt und wo braucht sie Anpassung?
- Welche ergänzende Stärke hilft mir, die Balance zu halten?

Flow und Stärken

Flow beschreibt den Zustand völliger Vertiefung in eine Tätigkeit, man ist konzentriert, motiviert, verliert das Zeitgefühl und erlebt sich als kompetent und lebendig. Flow entsteht typischerweise dann, wenn eine Aufgabe zur eigenen Stärke passt und gleichzeitig eine gewisse Herausforderung bietet.

Flow ist kein Zufall, sondern ein Zeichen dafür, dass Stärken wirksam und sinnvoll eingesetzt werden. Experimentiere mit diesen stärkenorientierten Reflexionsfragen mit Flowfokus.

Reflexionsfragen

Selbstreflexion im Alltag:

- Wann habe ich mich heute in einer Aufgabe völlig verloren (im positiven Sinn)?
- Welche meiner Stärken war dabei aktiv?
- Was hat die Aufgabe herausfordernd gemacht und wie habe ich sie gemeistert?
- Wie hat sich mein Energielevel während und nach der Aufgabe verändert?
- Was sagt dieser Flowmoment über meine ideale Arbeitsweise aus?

Im Netzwerk oder Peer-Coaching:

- Wann erlebst du Flow in deiner Rolle und welche Stärke ist dann besonders aktiv?
- Welche Aufgaben bringen dich in den Flow und welche eher in den Frust?
- Wie kannst du deine Flowzonen im Alltag häufiger aktivieren?
- Was brauchst du von deinem Umfeld, damit Flow möglich wird?

Coachingimpuls: Deine Flowzonen kartieren

- Flowmomente sammeln: 3 Situationen notieren, in denen sie Flow erlebt haben.
- Stärken zuordnen: Welche Clifton-Stärken waren jeweils aktiv?
- Kontext analysieren: Was hat die Situation ermöglicht (Autonomie, Herausforderung, Klarheit)?
- Transfer planen: Wie kann ich ähnliche Bedingungen im Alltag schaffen?

Flourishing

Der Begriff Flourishing – geprägt von Martin Seligman – beschreibt einen Zustand des Aufblühens: Menschen erleben Sinn, Engagement, positive Beziehungen, Erfolg und emotionale Stabilität. Es geht nicht nur darum, nicht krank zu sein, sondern darum, wirklich zu leben, und zwar mit Energie, Richtung und Verbundenheit.

9.1.2 Das PERMA-Modell als Rahmen

Seligman entwickelte das PERMA-Modell, das fünf zentrale Elemente des Flourishing beschreibt:

Element	Beschreibung
P – Positive Emotions	Freude, Dankbarkeit, Hoffnung als Ressource für Resilienz und Motivation
E – Engagement	Flow erleben, Stärken einsetzen, ganz in einer Aufgabe aufgehen
R – Relationships	Vertrauensvolle Beziehungen, soziale Unterstützung, Zugehörigkeit
M – Meaning	Sinn erleben, Beitrag leisten, Teil von etwas Größerem sein
A – Accomplishment	Ziele erreichen, Fortschritt spüren, sich selbst als wirksam erleben

Assistenzen erleben Flourishing, wenn sie:

- Ihre Stärken gezielt einsetzen und dafür Anerkennung erhalten (Engagement und Accomplishment)
- Beziehungen gestalten, z. B. zwischen Führungskraft und Team, mit Empathie und Klarheit (Relationships)
- Sinn in ihrer Rolle erkennen, etwa als Möglichmacher:in, Kulturträger:in oder strategische Partner:in (Meaning)
- Positive Emotionen kultivieren, z. B. durch Dankbarkeit, Humor oder kleine Erfolge im Alltag (Positive Emotions)

> **Reflexionsfragen zum Flourishing**
>
> - Wann habe ich mich in meiner Rolle lebendig und wirksam gefühlt?
> - Welche meiner Stärken bringen mich in den Flow?
> - Wo erlebe ich Sinn und wie kann ich diesen stärken?
> - Welche Beziehungen nähren mein berufliches Wachstum?
> - Welche kleinen Erfolge kann ich heute feiern?

9.1.3 Der Blick des Managements

Die Arbeitswelt der Zukunft verlangt mehr als Effizienz und Kontrolle, sie braucht Sinn, Selbstwirksamkeit und Vertrauen. Führungskräfte, die stärkenorientiert agieren und Prinzipien der Positiven Psychologie anwenden, schaffen genau das: ein Umfeld, in dem Menschen aufblühen, Verantwortung übernehmen und ihr volles Potenzial entfalten.

Stärkenbasierte Führung bedeutet, Talente zu erkennen, gezielt einzusetzen und weiterzuentwickeln und nicht nur bei sich selbst, sondern im gesamten Team. Sie basiert auf der Überzeugung, dass Menschen am besten arbeiten, wenn sie das tun, was sie gut können und gerne tun.

Mehrwerte für das Management:
- Höhere Motivation und Bindung: Mitarbeitende, die ihre Stärken einsetzen dürfen, sind engagierter und loyaler.
- Weniger Burn-out, mehr Resilienz: Positive Emotionen und Sinnorientierung fördern psychische Gesundheit.
- Bessere Teamdynamik: Stärkenvielfalt wird als Ressource genutzt, nicht als Konfliktpotenzial.
- Strategische Rollenentwicklung: Talente werden nicht verwaltet, sondern entfaltet, auch in der Assistenz.
- Kultur der Wertschätzung: Führung wird zur Beziehungsgestaltung, nicht zur Kontrolle.

Führungskräfte, die mit Positiver Psychologie arbeiten, fördern:
- Sinn und Purpose statt nur Zielerreichung
- Beziehungen und Vertrauen statt nur Hierarchie
- Emotionale Intelligenz statt nur Fachkompetenz
- Selbstwirksamkeit und Wachstum statt nur Leistung

Die Zukunft der Führung ist nicht technokratisch, sie ist menschlich, psychologisch fundiert und stärkenbasiert. Wer Menschen führen will, muss sie zum Aufblühen bringen. Ich lade daher Führungskräfte ein, auch ihre Rolle neu zu definieren: Nicht als Entscheider:in, sondern als Möglichmacher:in. Nicht als Manager:in von Aufgaben, sondern als Architekt:in von Potenzialräumen.

Beginne mit drei Fragen:
- Welche Stärken sehe ich in meinem Team und wie fördere ich sie?
- Wie gestalte ich Beziehungen, die Vertrauen und Wachstum ermöglichen?
- Wie trage ich dazu bei, dass Menschen Sinn in ihrer Arbeit erleben?

9.1.4 Hilfreiche Tools und Frameworks

SWOT-Analyse als Werkzeug
SWOT ist ein Analyse-Framework, das hilft, die Situation einer Person, eines Projekts oder einer Organisation strukturiert zu bewerten. Der Name setzt sich aus den vier englischen Begriffen zusammen:

- Strengths (Stärken) – interne Faktoren, die einen Vorteil verschaffen
- Weaknesses (Schwächen) – interne Faktoren, die Verbesserungsbedarf zeigen
- Opportunities (Chancen) – externe Entwicklungen oder Trends, die genutzt werden können
- Threats (Risiken) – externe Einflüsse oder Hindernisse, die eine Gefahr darstellen

Die SWOT-Analyse wird oft in der Strategieplanung eingesetzt, um fundierte Entscheidungen zu treffen, egal ob im Business, bei einer Karriereplanung oder sogar in der Projektentwicklung.

SWOT-Analysen sind wichtige Werkzeuge, die wunderbar auf Feedbackgespräche einzahlen. Eine gute Vorbereitung ist also erstrebenswert. Hier ein Beispiel, wenn man eine SWOT erstellt mit dem klaren Ziel, von der Assistenzrolle in eine Chief-of-Staff-Rolle zu transformieren.

Stärken
- Tiefes institutionelles Wissen und vertrauensvolle Beziehung zur Unternehmensleitung
- Nachgewiesene Fähigkeit, komplexe Zeitpläne, Prioritäten und Stakeholderanforderungen zu managen
- Starke organisatorische, kommunikative und lösungsorientierte Kompetenzen

- Diskret und zuverlässig sowie gewohnt, mit hoher Verantwortung zu arbeiten

Schwächen
- Eventuell fehlende formale, strategische oder operative Führungserfahrung
- Erforderlicher Mentalitätswechsel von taktischer Umsetzung zu strategischer Steuerung
- Mögliche Unterschätzung durch andere aufgrund der bisherigen Unterstützungsrolle

Chancen
- Natürlicher Karriereschritt in eine breitere Führungs- und Koordinationsfunktion
- Sichtbarkeit über alle Abteilungen hinweg. Möglichkeit, Entscheidungen auf höchster Ebene zu beeinflussen
- Rolle kann als Sprungbrett in die Geschäftsleitung oder in operative Führungspositionen dienen

Risiken
- Gefahr, trotz erweiterter Verantwortung als „nur Assistenz" wahrgenommen zu werden
- Hohe Belastung und potenzielles Burn-out durch gleichzeitiges Management nach oben und quer durch die Organisation
- Anspruchsvolle Macht- und Interessenlage im Umgang mit verschiedenen Stakeholdern

Eine SWOT lebt davon, dass das Publikum, in diesem Fall also die Führungskraft, sofort erkennt, was das bedeutet und welche Entscheidungen daraus folgen.

Ich arbeite in meinen Coachings immer sehr gerne mit diesem Werkzeug und manchmal glaubt man, man hat alles schnell beisammen, bis man einmal in die Tiefe geht und sieht, da ist noch mehr, da muss ich intensiver eintauchen.

Ich empfehle daher, regelmäßig mit der SWOT zu arbeiten und den Status quo zu entdecken und bitte nicht nur vor Feedbackgesprächen.

9.1.5   Business Model Canvas

Das Business Model Canvas ist ebenfalls ein Werkzeug, dass ich gerne anwende in meinen Formaten und hier heißt es um einiges mehr, in die Tiefe zu gehen. Denn das Tool ist komplexer, vielschichtiger und hilft Unternehmen, aber auch Einzelpersonen bei ihrer strategischen Ausrichtung.

Das Business Model Canvas ist ein einfaches, aber wirkungsvolles Werkzeug, um ein Geschäftsmodell visuell und strukturiert darzustellen. Es besteht aus neun Bausteinen, die zusammen ein vollständiges Bild davon ergeben, wie ein Unternehmen funktioniert. Dabei geht es nicht um lange Businesspläne, sondern um eine kompakte Übersicht, die auf einer einzigen Seite Platz findet. Man kann sich das Canvas wie eine Landkarte vorstellen, die zeigt, wer die Kund:innen sind, welchen Nutzen man ihnen bietet, wie man sie erreicht, wie man Geld verdient, welche Ressourcen und Aktivitäten notwendig sind und mit welchen Partner:innen man zusammenarbeitet. Auch die Kostenstruktur wird dabei berücksichtigt.

Der Business Impact dieses Modells ist enorm, weil es Klarheit schafft. Unternehmen können damit schnell erkennen, wo ihr Geschäftsmodell stark ist und wo es Schwächen gibt. Es hilft bei strategischen Entscheidungen, bei der Entwicklung neuer Produkte oder Dienstleistungen und bei der Kommunikation mit Investor:innen oder innerhalb von Teams. Gerade für Start-ups ist das Canvas oft der erste Schritt, um eine Idee greifbar zu machen und weiterzuentwickeln.

Auch als Einzelperson kann man vom Business Model Canvas profitieren. Wenn du zum Beispiel als Freelancer:in arbeitest oder ein eigenes Projekt starten möchtest, kannst du mit dem Canvas herausfinden, wie du dein Angebot strukturierst, wer deine Zielgruppe ist und wie du Einnahmen generierst. Es zwingt dich, über alle relevanten Aspekte deines Vorhabens nachzudenken, ohne dich in Details zu verlieren. Manche nutzen es sogar zur Selbstreflexion, um ihr persönliches Lebensmodell zu skizzieren, also welche Werte sie anbieten, wem sie zuarbeiten, und wie sie ihre Ressourcen einsetzen.

Unternehmen arbeiten mit dem Canvas oft kollaborativ und agil. Teams versammeln sich um ein Whiteboard, kleben Post-its in die verschiedenen Felder und diskutieren gemeinsam, wie das Geschäftsmodell aussieht oder aussehen könnte. Dieser Prozess fördert nicht nur Kreativität, sondern auch ein gemeinsames Verständnis. Das Canvas ist dabei flexibel genug, um sowohl bestehende Geschäftsmodelle zu analysieren als auch neue Ideen zu entwickeln.

Das Business Model Canvas kann für die Rolle der Assistenz ein überraschend wirkungsvolles Werkzeug sein, nicht nur für strategische Planung, sondern auch zur Sichtbarmachung der eigenen Arbeit und zur besseren Einschätzung des Return on Investment (ROI).

Assistenzen sind oft die stillen Motoren im Hintergrund, die Prozesse am Laufen halten, Informationen koordinieren, Termine managen und Schnittstellen zwischen Teams bilden. Doch genau diese Vielseitigkeit macht es schwer, den konkreten Wert ihrer Arbeit zu kommunizieren. Hier kommt das Business Model Canvas ins Spiel.

Indem die Assistenz ihre Aufgaben und Beiträge in die neun Felder des Canvas überträgt, etwa in die Bereiche Schlüsselaktivitäten, Schlüsselressourcen oder Kundenbeziehungen, entsteht ein strukturiertes Bild davon, wie sie zum Gesamterfolg des Unternehmens beiträgt. Zum

Beispiel kann die Organisation von Führungskräftemeetings als Schlüsselaktivität dargestellt werden, die wiederum strategische Entscheidungen ermöglicht. Oder die Pflege interner Kommunikation als Teil der Kund:innenbeziehungen, wenn man interne Stakeholder als Kund:innen betrachtet.

Diese Visualisierung hilft nicht nur dabei, die eigene Rolle besser zu verstehen, sondern macht sie auch für andere sichtbar, etwa für Vorgesetzte oder HR. Der ROI lässt sich dadurch greifbarer machen: Wenn man zeigen kann, dass durch effiziente Assistenzarbeit Zeit gespart, Entscheidungen beschleunigt oder Konflikte vermieden wurden, wird der Beitrag zur Wertschöpfung messbar.

Zudem kann das Canvas helfen, die eigene Arbeit strategisch weiterzuentwickeln. Wo entstehen unnötige Kosten? Welche Prozesse könnten automatisiert oder delegiert werden? Wo lohnt sich Weiterbildung? Die Assistenz wird dadurch nicht nur zur operativen Stütze, sondern zur aktiven Mitgestalter:in des Geschäftsmodells.

Wie könnte also ein erster Wurf eines solchen Canvas für die Assistenz aussehen? Versuchen wir es doch einmal hiermit:

Kundensegmente: Die Kund:innen der Assistenz sind meist Führungskräfte, Teams oder externe Partner:innen. Sie profitieren direkt von der Unterstützung, Organisation und Kommunikation, die die Assistenz leistet.

Wertangebote: Die Assistenz schafft Klarheit, Effizienz und Entlastung. Sie sorgt dafür, dass Führungskräfte sich auf strategische Aufgaben konzentrieren können, indem sie operative und organisatorische Aufgaben übernimmt. Sie ist oft auch die erste Anlaufstelle für interne Anliegen und trägt zur reibungslosen Zusammenarbeit bei.

Kanäle: Kommunikation erfolgt über E-Mail, Telefon, Meetings, digitale Tools wie Teams, Slack oder Projektmanagementplattformen. Die Assistenz ist oft die Schnittstelle zwischen verschiedenen Abteilungen.

Kundenbeziehungen: Die Assistenz pflegt vertrauensvolle, diskrete und zuverlässige Beziehungen. Sie kennt die Bedürfnisse der Führungskräfte und agiert proaktiv, oft auch als Sparringspartner:in oder Stimmungsbarometer im Unternehmen.

Einnahmequellen: In einem klassischen Unternehmen wäre das Gehalt die direkte Einnahmequelle. Doch im übertragenen Sinn kann man hier auch den Wertbeitrag betrachten: Zeitersparnis für Führungskräfte, bessere Entscheidungsgrundlagen, höhere Teamzufriedenheit, all das sind indirekte Returns.

Schlüsselressourcen: Know-how, Organisationstalent, Kommunikationsfähigkeit, digitale Tools, Netzwerk im Unternehmen, emotionale Intelligenz und ein gutes Gespür für Prioritäten.

Schlüsselaktivitäten: Kalender- und Reiseplanung, Meetingvorbereitung, Informationsmanagement, Schnittstellenkoordination, Projektunterstützung, Dokumentation, interne Kommunikation, oft auch Eventorganisation oder Controllingaufgaben.

Schlüsselpartner: Andere Executive-Support-Teams, HR, IT, externe Dienstleister:innen, Facility Management, Projektteams, also alle, mit denen die Assistenz regelmäßig zusammenarbeitet, um ihre Aufgaben effizient zu erfüllen.

Kostenstruktur: Zeitaufwand, Weiterbildung, Tools und Software, ggf. externe Unterstützung. Auch hier kann man metaphorisch denken: Stress, Unterbrechungen oder ineffiziente Prozesse sind Kosten, die minimiert werden sollten.

Dieses Canvas macht sichtbar, wie vielschichtig und wertvoll die Rolle der Assistenz ist. Es hilft, die eigene Arbeit strategisch zu reflektieren, den eigenen Beitrag zu kommunizieren und vielleicht auch neue Ideen zu entwickeln etwa für Automatisierung, Weiterbildung oder eine stärkere Positionierung im Unternehmen.

Das oben Formulierte kann ein erster Gedanke sein, den man individuell weiterführt, ergänzt bzw. adaptiert. Er soll dir aber helfen, einen Startpunkt zu finden, um mit dem Business Model Canvas zu arbeiten. Viel Erfolg dabei!

9.1.6   OKRs und KPIs

Vielleicht hast du beim Ausfüllen der SWOT oder des BMC auch einmal mehr über deine Ziele nachgedacht und wie man deine Arbeit noch mehr messbar machen kann.

Assistenzrollen entfalten häufig eine strategische Wirkung, bleiben jedoch im Arbeitsalltag oft unsichtbar. Gerade deshalb sind OKRs (Objectives and Key Results) und KPIs (Key Performance Indicators) wertvolle Instrumente: Sie machen die Wirkung der Assistenzarbeit sichtbar, helfen dabei, Prioritäten zu setzen und die eigene Entwicklung gezielt zu steuern (Tab. 9.1). Darüber hinaus fördern sie die Selbstführung, stärken die Rolle als strategische Partnerin und schaffen eine Grundlage für Anerkennung und Weiterentwicklung im beruflichen Kontext.

Stell dir vor, du bist Navigator:in auf einem Schiff.
- OKRs sind das Ziel: Wir wollen den Hafen von strategischer Klarheit erreichen.
- Key Results sind die Wegmarken: Wir haben drei neue Kommunikationsformate etabliert, zwei Meetings neu strukturiert und die Zufriedenheit im Team um 20 % gesteigert.

Tab. 9.1 OKRs & KPIs für moderne Assistenzrollen

Begriff	Bedeutung	Beispiel im Assistenzkontext
Objective (Ziel)	Ein inspirierendes, strategisches Ziel, das Wirkung beschreibt	„Ich stärke die Führungskraft als Kommunikatorin."
Key Result (Schlüsselergebnis)	Messbare Resultate, die zeigen, ob das Ziel erreicht wurde	„3 neue Kommunikationsformate etabliert", „Feedbackquote um 25 % gesteigert"
OKR	Kombination aus Objective und Key Results – ein Zielsystem zur strategischen Ausrichtung	„Ich fördere den Kulturwandel durch 3 Formate, 2 Moderationen, 1 Feedbacktool."
KPI (Kennzahl)	Operative Leistungskennzahl, oft zahlenbasiert, zur Messung von Effizienz oder Qualität	„Antwortzeit < 24 h", „Meetingvorbereitung < 2 h", „Zufriedenheit > 80 %"
Strategische Wirkung	Beitrag zur Zielerreichung der Organisation, oft durch Kommunikation, Struktur oder Moderation	„Assistenz als Impulsgeberin im Führungsteam"
Operative Exzellenz	Qualität und Effizienz in der täglichen Arbeit, sichtbar gemacht durch KPIs	„Fehlerquote < 5 %", „Reisebuchungen in < 48 h"
Selbstführung	Fähigkeit, eigene Ziele zu setzen, zu reflektieren und zu priorisieren	„Quartals-OKRs für persönliche Entwicklung"
Sichtbarmachung	Prozess, die oft unsichtbare Assistenzarbeit sichtbar und anerkennbar zu machen	„Portfolio mit OKRs & KPIs als Argumentationshilfe"
Empowermentformel	Sprachliche Struktur zur Stärkung der Identität	„Ich bewirke [Ziel], indem ich [Ergebnisse] erreiche."

- KPIs sind die Instrumente: Kompass, Uhr, Windmesser zeigen, ob man auf Kurs ist (z. B. Antwortzeiten, Anzahl bearbeiteter Anfragen, Prozessdauer).

Begriffsklärung: Was sind OKRs und KPIs?

OKRs: Ziele (Objectives) sind ambitioniert und inspirierend, die Key Results sind messbare Ergebnisse, die den Fortschritt zeigen. OKRs sind ein Zielsystem, das aus einem inspirierenden Ziel (*Objective*) und 2–5 messbaren Ergebnissen (*Key Results*) besteht.

Im Assistenzkontext zeigen OKRs, wie die Assistenz zur Zielerreichung des Unternehmens oder der Führungskraft beiträgt, operativ und strategisch.

Beispiel:
- Objective: Ich stärke die Führungskraft in ihrer Rolle als Kommunikatorin.
- Key Results:

  - 3 neue Kommunikationsformate entwickelt
  - Feedbackquote im Team um 25 % gesteigert
  - Monatliches Briefing etabliert

Weitere OKRs für Assistenzrollen
- Strategische Partnerschaft: Ich trage zur strategischen Ausrichtung des Führungsteams bei, z. B. monatliches Briefing mit Führungskraft etabliert.
- Kommunikation & Moderation: Ich fördere transparente Kommunikation im Team, z. B. Feedbackformate eingeführt, 80 % Beteiligung.
- Selbstführung & Weiterentwicklung: Ich entwickle meine Rolle aktiv weiter, z. B. 2 neue Tools eingeführt, 1 Webinar moderiert.

KPIs: KPIs sind Kennzahlen, die die Leistung, Effizienz oder Qualität von Prozessen und Aufgaben messen. Sie sind oft zahlenbasiert und operativ.

Im Assistenzkontext helfen KPIs, die tägliche Arbeit zu quantifizieren, z. B. Antwortzeiten, Anzahl bearbeiteter Anfragen, Zeitersparnis durch Prozessoptimierung.

Beispiel:
- Antwortzeit auf interne Anfragen < 24 h
- Meetingvorbereitung < 2 h
- Zufriedenheit der Führungskraft > 80 %
- Reisebuchungen fehlerfrei in 95 % der Fälle

KPIs zur Sichtbarmachung operativer Exzellenz
- Anzahl vorbereiteter Meetings, Reisebuchungen, bearbeiteter Anfragen
- Zeitersparnis durch Prozessoptimierung
- Zufriedenheit der Führungskraft oder des Teams (z. B. durch kurze Pulse-Umfragen)

Call to Action

Nutze die OKR-Formel als Empowermenttool: Ich bewirke [Ziel], indem ich [messbare Ergebnisse] erreiche.

Beispiel für eine Assistenz im Change-Projekt: Ich fördere den Kulturwandel, indem ich 3 neue Kommunikationsformate entwickle, 2 Townhalls moderiere und die Feedbackquote um 30 % steigere.

Diese Formulierung stärkt Identität, Wirkung und Argumentationskraft und ist ideal für Jahresgespräche, Portfolioarbeit oder Selbstreflexion.

9.1.7 ROIs in der Assistenz

ROI in der Assistenz sichtbar zu machen ist eine echte Königsdisziplin, denn vieles, was Assistenzen leisten, ist nicht direkt messbar, aber dennoch entscheidend für den Unternehmenserfolg. Der Schlüssel liegt darin, den Beitrag zur Wertschöpfung konkret zu übersetzen und strategisch zu kommunizieren.

Ein guter Ansatz ist, die Arbeit der Assistenz nicht nur als Support darzustellen, sondern als Business Enabler. Wenn du etwa durch effiziente Kalendersteuerung dafür sorgst, dass Führungskräfte ihre Zeit optimal nutzen, dann ist das eine direkte Zeitersparnis und Zeit ist Geld. Wenn du Meetings nicht nur organisierst, sondern auch deren Qualität sicherst, Informationen filterst und Entscheidungen vorbereitest, dann trägst du zur Geschwindigkeit und Qualität von Entscheidungen bei. Das sind messbare Effekte, auch wenn sie nicht immer in Euro beziffert werden.

Ein weiterer Hebel ist die aktive Teilnahme an strategischen Prozessen. Es ist sinnvoll, nicht nur Meetings zu organisieren, sondern auch dabei zu sein, und zwar nicht als Protokollant:in, sondern als Beobachter:in und Sparringspartner:in. So entsteht ein tiefes Verständnis für das Business, und die Assistenz kann gezielt Impulse geben, etwa bei der Priorisierung oder bei der emotionalen Einschätzung von Teamdynamiken. Richard Branson ist bekannt dafür, dass er in jedem Meeting jemanden aus seinem Executive-Support-Team, meist seine persönliche Assistenz, dabeihat. Sie sieht Dinge, die er nicht sieht, und dieser Effekt ist ihm wichtig.

Um dem Management den Mehrwert zu verdeutlichen, lohnt es sich, regelmäßig kleine Reports oder Reflexionen zu erstellen: Welche Prozesse wurden optimiert? Welche Konflikte wurden frühzeitig erkannt? Wie viel Zeit wurde eingespart? Auch qualitative Rückmeldungen von Stakeholdern können helfen, den Impact sichtbar zu machen.

1. Den ROI definieren

Was bedeutet „Wert" in deiner Rolle? Beginne damit, den Begriff „Wert" für deine Tätigkeit zu konkretisieren. In der Assistenz ist ROI selten monetär direkt messbar, sondern zeigt sich in:

- Zeitersparnis für Führungskräfte
- Effizienzsteigerung in Prozessen
- Qualitätsverbesserung bei Kommunikation und Entscheidungen
- Risikominimierung durch vorausschauendes Handeln
- Kultureller Beitrag durch emotionale Intelligenz und Teamstabilität

Diese Dimensionen kannst du als Grundlage für deine Argumentation nutzen.

2. Messbare Indikatoren identifizieren

Auch wenn nicht alles in Zahlen darstellbar ist, gibt es viele indirekte KPIs, die du regelmäßig erfassen kannst:

- Wie viele Stunden hast du Führungskräften durch optimierte Kalenderplanung erspart?
- Wie viele Meetings wurden durch deine Vorbereitung effizienter?
- Wie oft hast du Eskalationen verhindert, weil du frühzeitig kommuniziert oder vermittelt hast?
- Wie viele Prozesse hast du vereinfacht oder digitalisiert?
- Wie oft hast du Informationen gefiltert und dadurch bessere Entscheidungen ermöglicht?

Diese Zahlen kannst du in einem monatlichen oder quartalsweisen Rückblick zusammenfassen, idealerweise visuell und knapp.

3. Storytelling statt Reporting

Statt nur Zahlen zu liefern, erzähle kurze, prägnante Geschichten: „Durch meine Koordination der Projektkommunikation konnten zwei Abteilungen ihre Deadlines synchronisieren. Das hat eine Woche Zeit gespart und ein Konflikt wurde vermieden." Solche Mini-Cases zeigen Wirkung und bleiben im Gedächtnis.

4. Business Model Canvas als Kommunikationsrahmen

Nutze dein persönliches Canvas als Gesprächsgrundlage. Zeige, welche Schlüsselaktivitäten du übernimmst, welche Ressourcen du einbringst und welchen Wert du erzeugst. Das wirkt professionell, strategisch und zeigt, dass du deine Rolle als Businesspartnerin verstehst.

5. Regelmäßige Reflexion und Austausch

Plane kurze, regelmäßige Check-ins mit deiner Führungskraft, in denen du nicht nur Aufgaben besprichst, sondern auch Wirkung. Frage aktiv: Was hat Ihnen in letzter Zeit besonders geholfen? oder: Wo sehen Sie Potenzial, dass ich noch mehr beitragen kann? So entsteht ein Dialog über Wert, nicht nur über Arbeit.

9.1.8   Der ROI-Kalkulator

Praxisinterview mit Elizabeth Sutkowska

Ich bin nun schon eine ganze Weile mit der wunderbaren Elizabeth Sutkowska aus Polen verbunden. Elizabeth ist eine erfahrene Executive Assistant mit internationaler Expertise in der Unterstützung von Führungskräften in dynamischen

Unternehmens- und Start-up-Umgebungen. Ihre Karriere erstreckt sich über Polen, Zypern, die USA und Italien mit vielfältigen Rollen und einem breit gefächerten, interdisziplinären Kompetenzprofil.

Als lebenslange Lernerin hat Elizabeth an fünf Universitäten studiert, darunter vier internationale Institutionen, und Abschlüsse in Internationale Beziehungen, Unternehmenskommunikation, Wirtschaftspsychologie, Medien und Marketing erworben. Diese einzigartige Kombination aus Erfahrung und Bildung treibt ihr Engagement an, die Rolle der Assistenz neu zu definieren.

Getrieben von Sinn und Leidenschaft gründete sie Assistologist, eine in Polen ansässige Initiative zur Stärkung der Assistenzrolle und zur Förderung globaler Best Practices. Die Vision hinter Assistologist ist es, eine Zukunft zu gestalten, in der Assistenz und Führungskräfte in einer holistischen Partnerschaft 2.0 zusammenarbeiten und dies strategisch, bewusst und wachstumsorientiert. Mehr Infos: https://www.assistologist.com/.

Sie ist eine engagierte Advokatin, die auch bei mir im Podcast zu Gast war (höre unbedingt einmal in die Folge rein bei Executive Office Insights). Elizabeth hilft unserer Branche, klare Fakten und Zahlen zu schaffen und somit ROIs greifbarer zu machen. Und das ist oft das, was in der Darstellung der Arbeit einer Assistenz fehlt.

Ich habe im Rahmen des Buchprozesses mit Elizabeth gesprochen und freue mich, ihren wertvollen Beitrag hier teilen zu dürfen. Denn sie hat etwas Großartiges geschaffen, was allen Assistenzen helfen wird: den ROI-Kalkulator.

- **Elizabeth, was ist der ROI-Rechner und wie kann man ihn als Assistenz nutzen?**

Elizabeth: Der ROI-Rechner für Executive Assistants ist ein strategisches Tool, das eine einfache, aber entscheidende Frage beantwortet: Welchen konkreten Wert schafft eine Assistenz für das Unternehmen?

Jahrelang wurde Assistenzen gesagt, sie seien unersetzlich, doch wenn es um Leistungsbeurteilungen oder Gehaltsverhandlungen geht, fehlt oft ein greifbarer Nachweis. Während Vertriebsmitarbeitende stolz sagen können: Ich habe dieses Quartal 500.000 € Umsatz generiert, hat die Assistenz selten Zahlen, die belegen, wie viel Zeit, Geld und strategische Kapazität sie ihren Führungskräften und dem Unternehmen tatsächlich spart. Dieser Rechner ändert das. So funktioniert er (Abb. 9.1):

- Zeiterfassung: Die Assistenz dokumentiert, wie viele Stunden pro Monat sie mit Aufgaben verbringt, die direkt die Führungskraft unterstützen.
- Kategorisierung: Diese Aufgaben werden in drei Wirkungsebenen eingeteilt: operativ, taktisch oder strategisch (siehe dazu den Task Category Navigator).
- Gehaltsdaten: Die Assistenz gibt ihr eigenes Gehalt sowie das Gehalt der Führungskraft ein (alternativ kann ein marktüblicher Wert verwendet werden).
- Wertberechnung: Der Rechner übersetzt die geleisteten Stunden dann in die folgenden Kennzahlen:
  - ✓ Gesparte Führungskraftzeit (Kostenvermeidung)
  - ✓ Monatliches Wertpotenzial, das durch die Investition in die Assistenz freigesetzt wird
  - ✓ Jährlicher Wertgewinn, den das Unternehmen durch die Assistenz erzielt
  - ✓ ROI (%), der zeigt, wie viel Wert das Unternehmen im Verhältnis zur Investition in die Assistenzrolle gewinnt
  - ✓ Nutzungsgrad, der zeigt, wie viel Prozent der verfügbaren Kapazität der Assistenz für die Unterstützung des Executives eingesetzt wurden

Abb. 9.1 Funktion des ROI Calculators. (Quelle: Elizabeth Sutkowska/Assistologist)

Das Ergebnis?

- Die Assistenz kann genau nachvollziehen, wie viel Zeit und Wert sie für das Unternehmen schafft.
- HR und Führungskräfte können datenbasierte Entscheidungen treffen, etwa zu Aufgabenumfang, Weiterbildung, Beförderung oder Vergütung.
- Es entsteht eine gemeinsame Sprache zwischen Assistenz und Leadership und zwar eine, die auf Fakten basiert.

Und es geht noch weiter: Da die Aufgaben in operativ, taktisch und strategisch unterteilt werden, kann die Assistenz sichtbar machen, wohin ihre Energie fließt:

- Ist sie hauptsächlich mit operativen Aufgaben wie Kalenderpflege beschäftigt?
- Übernimmt sie eine taktische Rolle in Projekten und Teamkoordination?
- Oder bewegt sie sich bereits im strategischen Bereich wie etwa bei Entscheidungsunterstützung und Executive Briefings?

Diese Aufschlüsselung wird zum Karriereentwicklungstool. Wer sich von administrativer zu strategischer Arbeit entwickeln möchte, hat nun belastbare Daten für das Gespräch mit der Führungskraft. Langfristig kann die Assistenz die Ergebnisse auch für Lebenslauf, LinkedIn-Profil oder Bewerbungsgespräche nutzen: „Im letzten Jahr habe ich 1200 h Executive-Zeit freigesetzt, das entspricht einem Wert von 250.000 €." So wie Vertriebsprofis mit Umsatz argumentieren, können Assistenzen nun mit Zahlen sprechen und nicht nur mit Geschichten.

- **Warum brauchte es dieses Tool?**

Elizabeth: Die Wahrheit ist: Die Idee für diesen Rechner entstand aus Frustration und einem persönlichen Wendepunkt. Vor einigen Jahren, während eines Mitarbeitergesprächs, sagte einer meiner CEOs ganz direkt zu mir: Du verdienst nicht mehr. Dein Gehalt entspricht dem lokalen Benchmark. Ich war sprachlos. Es fühlte sich an wie ein Schlag ins Gesicht, denn ich wusste tief in mir: Ich leistete fachlich wie persönlich enormen Beitrag für diesen Executive und das Unternehmen. Aber in diesem Moment wurde mir etwas Schmerzhaftes klar: Ich hatte keine Zahlen. Keine greifbaren Belege. Keine Möglichkeit, es zu beweisen. Ich versprach mir selbst: Ich werde nie wieder in dieser Position sein. In meinem nächsten Unternehmen begann ich, alles zu dokumentieren: Stunden, Aufgaben, Ergebnisse, sogar die ungefähren Kosten der Executive-Zeit. Als das nächste Mitarbeitergespräch anstand, präsentierte ich eine einfache Zusammenfassung:

- Wie viele Stunden ich eingespart hatte
- Wie viel Executive-Zeit für Strategie und Führung freigesetzt wurde
- Welchen finanziellen Wert diese Zeit darstellte

Das veränderte das Gespräch grundlegend. Und genau das war der Ursprung der ersten Version des ROI-Rechners, ein Weg, um unsichtbare Arbeit sichtbar zu machen. Im Laufe der Zeit habe ich das Tool weiterentwickelt und schließlich mit Marta Sobota zusammengearbeitet, einer brillanten Financial Controllerin und Teil meines Assistologist-Teams. Marta hat die Formeln überprüft, finanzlogische Aspekte ergänzt und geholfen, Version 2.0 zu entwickeln, ein Tool, das den Standards von Business und Finance entspricht und dennoch einfach und praxisnah für Assistenz bleibt. Das Ziel war immer dasselbe:

- Assistenzen ein Werkzeug geben, um für sich selbst einzustehen
- Führungskräften und HR ermöglichen, den ROI als Unterstützung zu erkennen
- Einen Gesprächseinstieg schaffen

Ehrlich gesagt: Es geht nicht nur um Zahlen, es geht um Selbstbewusstsein. Es geht darum, dass Assistenzen in Mitarbeitergespräche mit Fakten statt Gefühlen gehen. Denn die Realität ist: Viele Assistenzen fühlen sich unterbewertet oder missverstanden. Sie wissen, dass sie einen echten Beitrag leisten, aber ihnen fehlt oft die Sprache, um das zu belegen. Dieser Rechner gibt ihnen genau diese Sprache.

Und er hilft auch Unternehmen. Eine unterforderte Assistenz zeigt sich als niedriger ROI, ein Signal an Führungskräfte, mehr zu delegieren oder die Rolle neu zu gestalten. Eine hochperformante Assistenz zeigt einen starken ROI und liefert Argumente für Gehaltserhöhungen, Beförderungen oder strategischere Aufgaben.

Am Ende ist es ein Tool für Empowerment und Transparenz für beide Seiten der Executive–Assistenz-Partnerschaft.

- **Und dann hast du zudem noch den Task Category Navigator entwickelt. Was steckt dahinter?**

Elizabeth: Eine Herausforderung, die Assistenzen früh geäußert haben, war: Ich erfasse meine Stunden, aber ich weiß nicht immer, in welche Kategorie meine Aufgaben gehören: operativ, taktisch oder strategisch. Deshalb habe ich den Task Category Navigator entwickelt, ein kostenloses, KI-gestütztes Zusatztool zum ROI-Rechner.
So funktioniert er:

- Du gibst ein, was du heute gemacht hast: Ich habe den Kalender gemanagt, ich habe ein Offsite organisiert, ich habe eine Kundenpräsentation vorbereitet.
- Das Tool liefert sofort:
  ✓ Kategorisierung der Aufgabe (operativ, taktisch oder strategisch)
  ✓ Stärkenden Einzeiler zur Wirkung der Aufgabe (Confidence Boost)
  ✓ Business Impact Statement, sprich: Warum diese Aufgabe zählt
  ✓ Best Practices, wie du die Aufgabe optimieren kannst
  ✓ Kurzbriefing für die Führungskraft, welche du direkt weitergeben kannst

So erkennt die Assistenz nicht nur wie viel Wert sie schafft (durch den ROI-Rechner), sondern auch wie ihre tägliche Arbeit zu größeren Geschäftsergebnissen beiträgt. Dies wiederum mit dem Task Category Navigator. Gemeinsam bilden diese Tools ein System zur Karriereförderung (Abb. 9.2):

- Du trackst deine Zeit
- Du siehst den finanziellen Wert
- Du verstehst den Business Impact

Abb. 9.2 Werterklärung hinter der Arbeit der Assistenz. (Quelle: Elizabeth Sutkowska/Assistologist)

- Und du nutzt die Daten für Mitarbeitergespräche, Karriereentwicklung und Selbstbewusstsein

Es ist der Schritt von unsichtbarer Unterstützung zu sichtbarer, messbarer Wirkung und gibt Assistenzen die Stimme und die Beweise, die sie schon immer verdient haben. Hier geht es zum Tool: https://chatgpt.com/g/g-68767428c31081919e267164b2c34af7-assistologist-task-category-navigator.

- **Elizabeth, ich danke dir für das Gespräch.**

9.2   Fazit

» Nun liegt der Ball bei dir.

Ich habe dir einige Tools und Methoden genannt, dich und deine Arbeit visibler zu machen. SWOT, BMC, ROI-Calculator, Stärkenanalyse. Du hast alles, was du brauchst. Aber ohne ein mutiges Auftreten und Storytelling geht es nicht. Vergiss dabei bitte nicht, dass dies in keinster Weise etwas mit Selbstdarstellung zu tun hat. Dies wird gerne einmal missverstanden. Nein, es geht klar darum, Mehrwert und Impact zu kommunizieren und wenn du deine Storyline so aufbaust, dass der Mehrwert für das Unternehmen und das Management klar greifbar wird, hast du es geschafft. Warte nicht, bis jemand aktiv deine Arbeit würdigt, dich fördert und entwickelt. Das passiert leider nur in den wenigsten Fällen. Diejenigen, die mehr möchten, müssen mehr einfordern. Auch ich musste dies in meiner Karriere als Assistenz lernen. Wer höhere Ansprüche hat, sollte bereit sein, diese deutlich zu kommunizieren und aktiv für ihre Umsetzung einzutreten. Und es hat sich (fast) immer gelohnt, daher möchte ich dich dazu ermutigen, deinen Anspruch auf Wertschätzung und Entwicklung einzufordern.

Suche dir zudem einen Tandempartner:in, der dich stärken kann. Ich habe mir immer Menschen gesucht, die besser und weiter waren als ich. „If you are the smartest person in the room, get a new room." Da ist was dran und ich habe danach gestrebt, mich mit Menschen zu umgeben, die mir viel geben und beibringen konnten. Aber auch hierzu braucht es Mut, sich aufzumachen, sich Netzwerken anzuschließen, rauszugehen auf Events und natürlich generell offen sein.

Literatur

Exenberger, S. & Wolf, V. (o. D.). *Das PERMA-Konzept*. Innsbruck: Institut für Positive Psychologie und Resilienzforschung. Abgerufen am 31.10.2025 von https://www.institut-positivepsychologie.at/perma/

Gallup (o. D.). *Clifton Strengths* (Gallup StrengthsFinder). Washington D.C.: Gallup, Inc. Abgerufen am 31.10.2025 von https://www.gallup.com/cliftonstrengths/de/home.aspx

Sutowska, E. (o. D.a). ROI Calculator for EAs. Gdansk: Assistologist. Abgerufen am 31.10.2025 von https://www.assistologist.com/roi-calculator

Sutowska, E. (o. D.b). *Assistologist – Task Category Navigator*. Abgerufen am 31.10.2025 von https://chatgpt.com/g/g-68767428c31081919e267164b2c34af7-assistologist-task-category-navigator

10

Ersetzt künstliche Intelligenz die menschliche Assistenz?

Gerade in den heutigen Zeiten ist es unerlässlich, sich, sein Profil und Portfolio mit seinen Stärken zu kennen und seine Arbeit messbar und sichtbar zu machen. Genau weil diese Fragen immer wieder aufkommen: Ist mein Job noch sicher? Wie stelle ich mich gegenüber der KI auf?

Für einige ist es noch immer das Angstthema Nr. 1: Die KI. Und natürlich sprechen wir in diesem Buch auch darüber. Bis das Buch erscheint, wird es bereits wieder neue Erkenntnisse und Entwicklungen geben, es ist nicht einfach, diesen Trends zu folgen, ändern sie sich doch ständig.

Kaum ein technologischer Wandel hat so viele Fragen aufgeworfen wie die rasante Entwicklung künstlicher Intelligenz. Besonders in Assistenzrollen, die traditionell als menschlich, kommunikativ und koordinierend gelten, steht eine Sorge oft im Raum: Werde ich durch KI ersetzt?

Diese Angst ist verständlich, aber sie greift zu kurz. Denn KI ist kein Ersatz für die menschliche Assistenz. Sie ist ein Werkzeug. Und wie jedes Werkzeug entfaltet sie ihre Kraft

© Der/die Autor(en), exklusiv lizenziert an Springer Fachmedien Wiesbaden GmbH, ein Teil von Springer Nature 2026
D. Brandl, *Erfolgsfaktor Assistenz*, Fit for Future,
https://doi.org/10.1007/978-3-658-50545-5_10

erst durch kluge, empathische und strategisch denkende Menschen.

Was KI gut kann und wo sie glänzt
KI bringt beeindruckende Fähigkeiten mit, die Executive Support Professionals gezielt für sich nutzen können:

- Automatisierung von Routineaufgaben: Terminabgleiche, Reisebuchungen, E-Mail-Entwürfe oder Datenanalysen lassen sich mit KI schneller und effizienter erledigen.
- Sprach- und Textverarbeitung: KI kann Texte zusammenfassen, übersetzen, umformulieren oder stilistisch anpassen, ideal für internationale Kommunikation oder die Vorbereitung von Präsentationen.
- Recherche und Wissenszugang: Mit KI lassen sich Informationen blitzschnell finden, strukturieren und in verwertbare Form bringen.
- Visualisierung und Strukturierung: Ob Trello-Boards, Mindmaps oder Workshopdesigns, KI kann bei der Strukturierung komplexer Inhalte unterstützen.

Trotz aller Fortschritte bleibt KI ein Werkzeug ohne Kontext, Beziehung oder Intuition. Menschliche Assistenz hingegen ist:

- Beziehungsintelligent: Sie spürt Spannungen, erkennt unausgesprochene Bedürfnisse und gestaltet vertrauensvolle Zusammenarbeit.
- Strategisch denkend: Sie versteht Prioritäten, interpretiert implizite Erwartungen und denkt proaktiv mit, oft über den Tellerrand hinaus.
- Empathisch und situationssensibel: Sie moderiert, vermittelt, beruhigt, motiviert und trifft Entscheidungen, die auf mehr basieren als Daten.

- Kulturkompetent und sprachlich nuanciert: Sie kommuniziert kontextbewusst, kennt die Dynamik internationaler Teams und übersetzt nicht nur Worte, sondern auch Bedeutungen.

Die Zukunft gehört nicht der KI allein. Sie gehört den Menschen, die sie klug einsetzen. Assistenzen können KI aktiv nutzen, um ihre Rolle zu stärken:

- Zeit gewinnen für strategische Aufgaben: Wenn KI Routinen übernimmt, bleibt mehr Raum für Moderation, Projektsteuerung und Führungskommunikation.
- Sichtbarkeit erhöhen: Wer KI souverän einsetzt, zeigt digitale Kompetenz und Innovationskraft, beides Schlüssel für moderne Positionierung.
- Lernprozesse gestalten: KI kann helfen, Lerninhalte zu kuratieren, Workshops zu strukturieren oder Reflexionsprozesse zu begleiten.
- Brücken bauen: Als Schnittstelle zwischen Mensch und Technologie wird die Assistenz zur Übersetzerin, Vermittlerin und Möglichmacherin.

Kenza Ait Si Abbou, KI-Expertin, ehemalige Führungskraft bei der Deutschen Telekom, IBM und ehemalige Vorständin bei Fiege, hatte schon im Interview für mein letztes Buch „Die Assistenz in der digitalen Transformation" den richtigen Riecher. Ich habe mir ihren Input nochmal hervorgeholt: „Das Zusammenspiel zwischen Manager und Assistenz bleibt weiterhin ein enges Sparring. Und da spielt der Faktor Mensch eine große Rolle. Auch bei dem Thema Anlaufstelle und Erreichbarkeit. Da ist die Assistenz immer der erste Ansprechpartner für vieles.

Alles, was aber automatisiert werden kann, sollte man zukünftig auslagern – an die digitalen Assistenzen z. B., denn Managementassistenzen können sich dann mehr auf fachliche Themen konzentrieren. Und die geben mehr Sichtbarkeit und helfen bei der Positionierung. Und somit können Assistenzen auch zu Experten heranwachsen. Der Chef oder Kollege ist nicht immer automatisch der beste Experte auf einem Gebiet. Somit ist das Thema Leadership auch in der Assistenz wichtig. Und dass Assistenzen Power und Einfluss haben, weißt Du selbst, Diana. Jeder möchte einen guten Draht zu den Assistenzen haben.

Die Assistenzen besitzen eine unglaubliche Kraft, beide Welten zusammenzubringen. Die, die im Elfenbeinturm sitzt und die, die auf der Fläche sitzt. Und genau diese Sicht fehlt den Vorgesetzten oftmals. Auch dies habe ich immer wieder in meiner Rolle als Assistenz erlebt."

Es fällt einem wirklich wie Schuppen von den Augen, wenn ich das nochmals lese. Und mir sticht insbesondere das Wort „auslagern" ins Auge, denn lange konnten Assistenzen nichts auslagern. Als oftmals letztes Glied im Konstrukt eines Teams (und damit ist der hierarchische Blick gemeint und nicht der Impact, den Assistenzen haben), gab es nie bis fast nie Möglichkeiten, selbst zu delegieren. Bis jetzt. Allein hier haben wir wahnsinniges Potenzial, digitale Assistenten, KI-Agents und Co-Piloten für uns agieren zu lassen. Wichtig ist es, sie bedienen und programmieren zu können. Hier fängt die Challenge für viele an.

Im Übrigen empfehle ich sehr, Kenza auf den sozialen Medien zu folgen. Auch ihre Bücher sind sehr informativ und ich freue mich immer wieder, wenn ich Berührungspunkte mit ihre habe, wie neulich, als die Geschäftsleitung der OMR eine Assistenz gesucht hat und Kenza mich als Multiplikatorin empfohlen hat.

Praxisinterview mit thinkworks

Es ist aber nicht allein die KI, sondern generell eine versierte Digitalkompetenz, die Executive Support Professionals mitbringen sollten, um im Büro der Zukunft zu bestehen. Aber welche Tools sind relevant, was tut sich an der Front? Dazu durfte ich zwei versierte Expertinnen befragen, die noch aktiv im Berufsleben stehen, aber in ihrer Rolle als Gründerinnen von thinkworks UG Schulungen rund um Tools und KI leisten. Mehr zu Katja Beckmeyer und Dominique Woith gibt es hier: https://www.thinkworks.berlin/.

Katja ist nicht nur eine begeisterte Anwenderin der M365-Produkte, sondern auch eine echte Expertin. Was sie besonders auszeichnet, ist ihr umfassendes Wissen nicht nur über die neuesten Features, sondern auch über weniger bekannte Funktionen. Sie ist fest davon überzeugt, dass die Tools die Arbeit erleichtern können, wenn sie richtig eingesetzt werden. Als zertifizierte Trainerin mit Weiterbildungen in den Bereichen Projekt-, Change- und Communitymanagement ist sie die perfekte Ansprechpartnerin für anwenderorientierte Trainings und die Optimierung der Nutzung der Tools.

Dominique ist Spezialistin für Hybrid Work und eine wahre Meisterin darin, Veränderungen voranzutreiben. Als zertifizierte Changemanagerin und Agile Ambassador bringt sie frischen Wind in jedes Unternehmen. Auch sie hat ein Faible für die M365-Tools und zeigt mit Begeisterung, wie man diese effizient im Arbeitsalltag einsetzen kann. Mit ihrer humorvollen und inspirierenden Art unterstützt Dominique Projekte, Teams und Unternehmen dabei, den Übergang zu Hybrid Work reibungslos zu meistern.

- **Welche Tools sind aktuell für Executive Support Professionals relevant?**

Katja: Wer heute noch glaubt, die Aufgaben von Assistenzen bestehen hauptsächlich darin, Termine zu verwalten und PowerPoint-Folien zu „verschönern", unterschätzt den Wandel, der längst im Gange ist. Executive Support Professionals bewegen sich Schritt für Schritt weg vom rein Ausführenden hin zur Navigatorin in einer zunehmend komplexen Welt.

Früher reichte ein klarer Auftrag. Heute wird erwartet, dass die Assistenz selbst den besten Weg zum Ziel aufzeigt. Das ist ein völlig anderes Spielfeld.

Kennst du das nicht auch? Kaum hat man sich an ein neues Tool gewöhnt, rollt schon das nächste durch die Organisation. Mal ein Whiteboard, mal ein Projekttool, mal ist es ein Chatbot. Verlockend? Ja. Aber wer alles ausprobiert, ohne etwas konsequent einzusetzen, verliert Zeit und Energie. Es geht nicht darum, die gesamte Toollandschaft mitzunehmen, sondern bewusst zu wählen, was wirklich trägt. Wir sprechen hier gern vom Tool-Stack.

Drei Elemente sind aus unserer Sicht dafür zentral:

- LLM-Komponente wie Microsoft Copilot oder ChatGPT Enterprise für Texterstellung, Datenanalyse und Recherchen
- Kreatives Tool wie Canva, Miro, Whiteboard in Teams oder Loop, das Ideenfindung unterstützt und visuelles Arbeiten möglich macht
- Organisatorisches Fundament wie M365 mit Outlook, Teams, Planner und To-do, das Termine, Aufgaben und Wissensarbeit strukturiert

Ein solches Stack ist wie ein gut sortierter Kleiderschrank. Wenige Teile, die passen, sind wertvoller als zehn, die nicht zusammenfinden. Und mal ehrlich: Wer hat im Alltag schon Zeit, ständig neue Tools auszuprobieren?

Wenn wir auf die kommenden Jahre schauen, lassen sich vier Bereiche erkennen, die unserer Meinung nach für die Arbeit von Executive Support Professionals entscheidend sind.

Der erste Bereich ist die KI-gestützte Produktivität. Copilot in Microsoft 365 kann bereits heute Texte entwerfen, überarbeiten, Recherchen durchführen und bei der Priorisierung helfen. Dadurch verschiebt sich ein Teil der Arbeit von mühsamer Detailarbeit hin zu Begleitung und Kontrolle.

Der zweite Bereich betrifft Meetings und Termine. Der Copilot in Microsoft Teams protokolliert Gespräche, fasst Inhalte zusammen und leitet automatisch Aufgaben ab. Outlook macht intelligente Terminvorschläge, während Loop und OneNote helfen, Dokumentation und Nachbereitung zu ordnen.

Ein dritter Bereich ist die Projekt- und Wissensarbeit. Tools wie Planner, Loop oder SharePoint schaffen Struktur, wenn es um Delegation und Zusammenarbeit geht. Für komplexere Abläufe können Confluence oder Jira sinnvoll sein.

Der vierte Bereich ist die Automatisierung. Power Automate, Make, Loveable oder n8n nehmen wiederkehrende Tätigkeiten ab, verbinden Systeme und sorgen für reibungslosere Abläufe.

Der Schlüssel liegt nicht im einzelnen Tool, sondern im Zusammenspiel innerhalb des Stacks. Frage dich: Bei welcher Aufgabe soll mich das Tool unterstützen? Welche Tätigkeit soll damit erledigt werden? Unterstützt dieses Tool wirklich meinen Alltag oder steht es mir im Weg?

Die künftige Arbeitsweise lässt sich gut mit einem Dreieck beschreiben. Jede Seite steht für eine andere Stärke:

- LLMs wie Copilot oder ChatGPT Enterprise sind große Sprachmodelle. Sie erzeugen und verarbeiten Texte, beantworten Fragen und helfen beim Strukturieren von Inhalten.

- Agenten übernehmen Aufgaben selbstständig. Sie können Berichte verfassen oder Meetings dokumentieren, ohne dass ständig jemand eingreifen muss.
- Automatisierungen lassen sich mit Werkzeugen wie Power Automate erstellen. Sie verbinden verschiedene Programme, standardisieren wiederkehrende Prozessschritte und führen diese zuverlässig aus.

Sprache, Automatisierung, Agenten – Dieses Dreieck ist der neue Werkzeugkasten von Executive Support Professionals. Das klingt abstrakt, ist aber praktisch das Handwerkszeug, das Zeitfresser eliminiert. Einfach, aber wirkungsvoll.

- **Wo seht ihr insbesondere bei den Chief of Staffs Toolbedarf und Kompetenzerweiterung?**

Dominique: Für Chief of Staffs verschiebt sich der Fokus hin zur Strategie. Sie arbeiten mit Plattformen, die Planung, Dokumentation und Zusammenarbeit verbinden, ergänzt durch Analyse- und Entscheidungsunterstützung. Microsoft Loop oder Notion sind Beispiele für kollaborative Strategiearbeit. Power BI bereitet Daten so auf, dass sinnvolle Diskussionen möglich werden und Entscheidungen schneller fallen.

Darüber hinaus übernehmen Chief of Staffs eine Orchestratorrolle. Sie verknüpfen KI, Automatisierung und Kollaborationstools, sodass aus Einzellösungen flüssige Workflows werden. Stelle dir vor: Ein CoS erstellt wöchentliche Vorstandsupdates, indem er Daten aus CRM, Outlook und Teams automatisch zusammenführen lässt. Das spart Stunden und schafft Freiraum für das, was wirklich zählt, nämlich Stakeholdermanagement und Strategie.

Die wichtigste Fähigkeit ist nicht das Bedienen einzelner Tools, sondern Lernkompetenz. Die Arbeitswelt dreht sich schnell. Wer jetzt stehen bleibt, verliert. Lernkompetenz heißt nicht, jedes neue Tool sofort auszuprobieren. Es geht darum, lernfähig zu bleiben, bestehende Werkzeuge besser zu nutzen, Muster zu erkennen, Neues zu integrieren und alte Routinen zu hinterfragen. Das macht die Rolle zukunftsfähig.

Mit einer neuen Rolle steigen auch die Erwartungen. Führungskräfte erwarten nicht nur operative Entlastung, sondern dass Executive Support Professionals Muster erkennen, Optionen vorbereiten und Entscheidungen anschlussfähig machen. Teams wiederum brauchen Orientierung in einer wachsenden Toollandschaft. Relevanz entsteht nicht mehr durch Erledigung allein, sondern durch den Beitrag zur Entscheidungsreife. Das fühlt sich nach mehr Verantwortung an und genau das ist es auch.

Trotz aller Technik bleibt ein Punkt unverändert: Zwischenmenschliche Kompetenz lässt sich nicht automatisieren. Kommunikation, Antizipation, Zwischentöne wahrnehmen oder Konflikte entschärfen, all das bleibt menschliches Kerngeschäft. Tools beschleunigen Prozesse, aber sie ersetzen nicht das Gespür für Timing, Kontext und Dynamik im Führungsteam. Die eigentliche Stärke entsteht dort, wo Technologie und menschliche Urteilskraft zusammenspielen.

Kompetenzaufbau: kurz-, mittel- und langfristig

- Kurzfristig: KI-gestützte Textproduktion, Recherche, Meeting- und E-Mail-Workflows ausprobieren, um zu verstehen, wo die Tools wirklich entlasten
- Mittelfristig: Prozesse mit Power Automate und Co. automatisieren und dabei klare Regeln für Governance und Datenschutz aufstellen
- Langfristig: Die Rolle im strategischen Copiloting vertiefen, um Risikoanalysen, Stakeholdermapping und Entscheidungsreife mit KI schneller und fundierter zu gestalten

Es geht weniger um Detailwissen, als um Prozessverständnis, Governance, Kommunikation und die Fähigkeit, immer wieder Neues zu lernen.

- **Automation, Automation, Automation: Was könnt ihr uns hier mitgeben und warum sind diese Tools relevant in der Arbeit der Executive Support Professionals?**

Dominique: Automation ist längst ein Produktionsfaktor. Unternehmen, die früh damit starten, berichten von Zeitgewinnen im dreistelligen Stundenbereich pro Monat. Automatisiert werden sollte zuerst dort, wo Routinen dominieren. Das sind Terminabstimmungen, E-Mail-Sortierung, Standardreports oder Meetingnotizen.

Und es geht noch weiter: Agenten reagieren inzwischen dynamisch auf Kontexte, kombinieren Informationen aus verschiedenen Quellen und starten Prozesse selbstständig, etwa wenn aus einer E-Mail nicht nur ein Termin entsteht, sondern gleich die relevanten Unterlagen bereitgestellt werden.

Die Umsetzung folgt dabei einem Muster: Prozesse erkennen, Workflows entwerfen, Datenqualität sichern, Teams einführen, Vertrauen schaffen.

Fragen, die helfen, Automatisierungen zu identifizieren:

- Um Zeitfresser zu analysieren: Welche wiederkehrenden Aufgaben nehmen unverhältnismäßig viel Zeit in Anspruch, ohne dass dabei Wertschöpfung entsteht?
- Um wiederholende Muster zu erkennen: Bei welchen Aufgaben folgst du immer wieder den gleichen Schritten?
- Um Skalierungspotenziale aufzudecken: Welche kreativen Lösungen kannst du Stakeholdern oder Kunden an-

bieten, wenn der operative Aufwand deutlich geringer wäre?

- Um die Perspektive zu wechseln und Prozesse neu zu denken: Wie würde ein „Start-up ohne Altlasten" Aufgaben und Prozesse organisieren?

- **Eure Sicht? Werden Assistenzen noch assistieren oder mehr navigieren? Welche Rollen sollten sich Assistenzen gerade mit den smarten Tools aneignen?**

Katja: Die Rolle der Assistenz wandelt sich sichtbar zur Navigatorin. Dabei entstehen neue Rollenbilder:

- Strategic Navigator: verantwortlich für Board-Decks, KPI- und OKR-Prozesse, Stakeholdermanagement
- Process Optimizer: erkennt Ineffizienzen und baut robuste Lösungen
- Digital Command Center: koordiniert Teams, Tools und Informationsflüsse

Die Frage ist also nicht mehr assistieren oder navigieren? Sondern wie schnell gelingt uns der Rollenwechsel und wie klar positionieren wir uns?

Weniger Zeitverlust in Routinen, mehr Substanz in Diskussionen, klarere Entscheidungsgrundlagen. Executive Support Professionals, die KI und Automatisierung klug orchestrieren, schaffen ein Umfeld, in dem Führungskräfte schneller, besser und sicherer entscheiden können. Genau das ist am Ende der größte Mehrwert.

Tools sind kein Selbstzweck. Sie sind Hebel für Effizienz, Entscheidungsreife und strategische Steuerung. Ein klug aufgebautes und konsequent genutztes Tool-Stack ist das Fundament.

Die Investition in KI-Kompetenz, Automation, Governance und kontinuierliches Lernen ist keine Option, sondern Voraussetzung, um als Assistenz oder Chief of Staff wirksam und relevant zu bleiben.

Entscheidend ist, die eigene Rolle aktiv zu gestalten: Von der Toolbedienung hin zur Navigation, von der Entlastung hin zur Mitsteuerung. Executive Support Professionals, die diesen Weg gehen, werden zu unverzichtbaren Navigatorinnen in einer komplexen Welt. Sie schaffen nicht nur Struktur, sondern ermöglichen Führungskultur auf einem neuen Niveau.

- **Katja und Dominique, ich danke euch für das Gespräch.**

11

Genug von der KI – rein in die Moderation

Ich kann verstehen, dass manche es wirklich leid sind, immer wieder über die Hard Skills zu sprechen. Wir haben in diesem Buch ja bereits mehrfach die Kraft der Soft Skills erleben dürfen und daher liegt es ganz klar an dir selbst, welche Skills du für das kommende Jahr intensiv angehen möchtest.

Eine Fähigkeit, die Chief of Staffs und immer mehr Assistenzen beherrschen sollten, ist die Moderation. Lange Jahre habe ich mich selbst vor diesem Thema gedrückt, da die Aufmerksamkeit auf meine Person im Meetingraum bisher nur auf das Protokoll beschränkt war. Ich musste also umdenken, Chancen erkennen und sie vor allem ergreifen.

Moderation heißt nicht allein das Führen durch ein Programm. Sie ist ein kraftvolles Werkzeug für Sichtbarkeit, Verbindung und Führung, auch (und gerade) in der Rolle der Assistenz.

Ob bei Teammeetings, Workshops, Events oder virtuellen Formaten: Wer moderiert, gestaltet Raum. Raum

© Der/die Autor(en), exklusiv lizenziert an Springer Fachmedien Wiesbaden GmbH, ein Teil von Springer Nature 2026
D. Brandl, *Erfolgsfaktor Assistenz*, Fit for Future,
https://doi.org/10.1007/978-3-658-50545-5_11

für Austausch, Klarheit und Dynamik. Für Assistenzen, die oft als stille Strateg:innen agieren, bietet Moderation die Chance, ihre Stimme hörbar zu machen, nicht nur im wörtlichen Sinne, sondern auch im übertragenen: als Impulsgeber:innen, Strukturierer:innen und Brückenbauer:innen.

Moderation ist ein Ausdruck von Executive Impact. Sie zeigt Haltung, Präsenz und die Fähigkeit, Menschen zu führen ohne Hierarchie, sondern durch Klarheit und Empathie.

Live versus virtuelle Moderation

Format	Besonderheiten und Chancen
Live-Moderation	Direkte Energie im Raum, nonverbale Signale, spontane Dynamik. Ideal für persönliche Wirkung und emotionale Verbindung.
Virtuelle Moderation	Struktur ist König:in: Klare Agenda, visuelle Unterstützung, aktives Einbinden über Chat, Breakouts oder Umfragen. Ideal für internationale Teams und hybride Formate.

Beide Formate verlangen unterschiedliche Skills, aber sie bieten dieselbe Chance: als Moderator:in sichtbar zu werden und Wirkung zu entfalten.

Viele Assistenzen zögern, sich vor Gruppen zu zeigen. „Ich bin doch gerne im Hintergrund", „Ich bin keine Führungskraft", „Ich bin nicht extrovertiert genug". Diese inneren Stimmen sind verständlich, aber sie begrenzen das Potenzial.

Moderation beginnt mit dem Mut, sich zu zeigen, mit der eigenen Stimme, mit Fragen, mit Struktur. Und sie wächst mit jedem Schritt: Dem ersten „Herzlich willkommen", dem souveränen Übergang zwischen Programmpunkten, dem empathischen Umgang mit Stille oder Konflikt.

Tipp: Starte klein. Moderiere ein internes Meeting, eine Feedbackrunde oder ein virtuelles Check-in. Nutze Tools wie Trello, Mentimeter oder Miro, um visuell zu unterstützen. Und feiere jeden Schritt in die Sichtbarkeit.

Wer moderiert, entwickelt sich weiter und dies in Präsenz, Sprache, Haltung. Du lernst, mit Unsicherheit umzugehen, mit Vielfalt zu arbeiten und mit Klarheit zu führen. Du wirst zur Gestalterin von Kommunikation und Kultur.

Und das Beste: Du musst nicht perfekt sein. Du musst nur präsent sein.

Einfach machen

Für eine Assistenz, die ihre ersten Moderationen übernimmt, ob live oder virtuell, ist eine klare, strukturierte Vorbereitung der Schlüssel zur Wirkung. Hier ist eine praxisnahe To-do-Liste, die Sicherheit gibt und den Weg in die Sichtbarkeit erleichtert.

To-do-Liste

1. Ziel und Rolle klären

- Was ist das Ziel der Moderation? (z. B. informieren, verbinden, strukturieren)
- Welche Rolle übernimmst du? (z. B. Gastgeber:in, Impulsgeber:in, Zeitwächter:in)

Tipp: Ein kurzes Briefing mit dem/der Veranstalter:in oder Führungskraft hilft, Erwartungen zu klären.

2. Ablauf und Dramaturgie vorbereiten

- Erstelle eine Moderationsagenda mit Zeitrahmen, Übergängen und Beteiligungsformaten.
- Plane Einstieg, Übergänge und Abschluss bewusst, sie prägen den Eindruck.

Tipp: Nutze Tools wie Trello oder PowerPoint, um visuelle Struktur zu geben.

3. Sprache und Präsenz üben

- Formuliere Begrüßung, Überleitungen und Fragen vorab.

- Übe laut – allein oder mit Kolleg:innen – für Sicherheit und Timing.

Tipp: Sprich wie eine Gastgeber:in, nicht wie eine Nachrichtensprecher:in. Natürlichkeit wirkt.

4. **Technik checken (für virtuelle Moderation)**

- Teste Ton, Kamera, Bildschirmfreigabe und Tools (z. B. Mentimeter, Zoom, MS Teams).
- Halte einen Plan B bereit (z. B. bei Ausfall von Präsentationen oder Teilnehmenden).

Tipp: Ein kurzer Technikcheck mit einer Kollegin vorab beruhigt enorm.

5. **Teilnehmende aktiv einbinden**

- Plane Interaktionen: Fragen, Umfragen, Breakouts, Chataktivitäten.
- Nenne Namen, fasse Beiträge zusammen, stelle Verbindungen her.

Tipp: Sichtbarkeit entsteht auch durch das Sichtbarmachen anderer.

6. **Mut zur Sichtbarkeit zeigen**

- Atme tief durch. Du bist vorbereitet.
- Du moderierst nicht, weil du perfekt bist, sondern weil du Wirkung entfalten willst.

Tipp: Ein kurzer Satz wie „Ich freue mich, heute durch dieses Format zu führen" zeigt Haltung.

7. **Reflektieren und wachsen**

- Nimm dir nach der Moderation Zeit für Feedback und Selbstreflexion.
- Was hat gut funktioniert? Was möchtest du beim nächsten Mal anders machen?

Tipp: Halte deine Learnings in einem Moderationstagebuch oder Kanban-Board fest. Und denke dabei an diese Punkte:

- Klarheit schlägt Perfektion.
- Verbindung schlägt Kontrolle.
- Mut schlägt Zweifel.

Du musst nicht alles wissen. Du musst nur den Raum halten.

Praxisinterview mit Chantal Thyes

Eine Assistentin, die das Thema Moderation und Bühne liebt, dufte ich in Zusammenhang mit diesem Buch befragen. Chantal Thyes ist eine erfahrene Vorstandsassistentin mit fundiertem Hintergrund in strategischem Executive Support, Unternehmenskommunikation und Office Management. Aktuell unterstützt sie seit 2022 den Vorstand der MAST-Jägermeister SE in organisatorischen und kommunikativen Belangen.

Zuvor war sie u. a. als Referentin für Öffentlichkeitsarbeit beim vedec e. V. sowie mehrere Jahre als Assistenz der Geschäftsführung tätig. Parallel engagiert sie sich seit 2020 als freie Rednerin für persönliche Zeremonien. Akademisch verfügt sie über einen Masterabschluss in Human Resource Management sowie einen Bachelor in Wirtschaftspsychologie (FOM Hochschule) und hat sich zum zertifizierten Chief of Staff (Haufe Akademie & Hochschule für Wirtschaft und Management) weitergebildet.

Ihre Arbeitsweise ist geprägt von hoher Professionalität, Kommunikationsstärke und Organisationstalent auf Toplevel.

- **Chantal, was macht für dich eine gute Moderation aus?**

Chantal: Für mich zeichnet sich eine gute Moderation durch eine sorgfältige Vorbereitung, ein klares Setting und ein bewusstes Mindset aus. Es ist unerlässlich, sowohl die Teilnehmenden als auch die Führungskraft vorab kennenzulernen. Mit der Führungskraft bespreche ich die Themen und die Agenda, achte aber auch darauf, wie es dem Team geht und welche Emotionen oder Hintergründe zu berücksichtigen sind. Diese Vorbereitung hilft nicht nur dem Team, sondern auch mir als Moderatorin, denn wer mit allem rechnet, kann von nichts überrascht oder verunsichert werden.

- **Welche Hürden gibt es bei virtuellen Moderationen?**

Chantal: Virtuelle Moderationen bringen besondere Herausforderungen mit sich, etwa die Einbindung aller Teilnehmenden, technische Hürden oder die fehlende nonverbale Kommunikation. Hier ist es besonders wichtig, aktiv auf die Gruppe einzugehen und für eine offene Atmosphäre zu sorgen. Auch hier sind Charme, Selbstsicherheit und ein klares Setting erforderlich. Besonders in Zusammenarbeit mit Führungskräften und hierarchischen Strukturen ist es wichtig, das eigene Standing klar vor der Moderation zu klären und während der Moderation zu halten. In virtuellen Moderationen kann durch interaktive Gestaltungen und klare Regelungen sowohl die Moderation als auch das Meeting erfolgreich sein. Breakout-Sessions, Aufgreifen von Themen, Ansprechen von den Teilnehmenden, Anschalten der Kamera sind alles Elemente, die zu einer guten Moderation und einem erfolgreichen Meeting beitragen können. Besonders herausfordernd sind allerdings hybride Meetings, denn hier muss die Balance geschaffen werden zwischen den Teilnehmenden vor Ort und der Einbeziehung der digitalen Teilnehmenden. Eine Möglichkeit kann hier die Nutzung von Laptops im Meeting sein, so sitzen die Teilnehmenden im Raum am Tisch mit ihren Laptops und wählen sich auch da im Meeting mit ein. So kann die Akustik und die Sichtbarkeit der Einzelnen verbessert werden und sorgt für ein besseres Teamgefühl.

- **Warum hast du dich für das Thema Moderation entschieden und was begeistert dich daran?**

Chantal: Meine Begeisterung für die Moderation ist durch Zufall entstanden und in kleinen Schritten. In meiner Ausbildung zur Kauffrau für Büromanagement habe ich die Seminare und Veranstaltungen meiner damaligen Firma betreut und begleitet. So gehörte es auch zu meinen Aufgaben, die Teilnehmenden und Referenten zu begrüßen. Daraus wurden die ersten kleinen Präsentationen und Moderationen. Zuerst im Team, in einem sicheren und vertrauten Umfeld und nach und nach im größeren Umfeld, bis hin zu einer Veranstaltung mit internen und externen Teilnehmenden und Presse mit 300 Personen. Mir ist es wichtig, als Moderatorin aus jedem Meeting das Beste herauszuholen und immer einen Mehrwert zu stiften. Ich möchte mit meiner Arbeit einen Rahmen und Raum schaffen, dass Vertrauen aufgebaut wird und inhaltliche und emotionale Themen besprochen werden können. Nur wenn wir wissen, wie es den Menschen hinter der Arbeit geht, können wir Möglichkeiten und Wege finden, um erfolgreich zusammenzuarbeiten. Die Möglichkeit, Gruppenprozesse zu begleiten und positive Veränderungen zu bewirken, motiviert mich bis heute.

- **Welche Tools und Techniken helfen dir für eine gelungene Moderation?**

Chantal: Für eine erfolgreiche Moderation nutze ich verschiedene Tools und Methoden, etwa digitale Whiteboards, Umfragetools oder strukturierte Fragerunden. Entscheidend ist, die passenden Werkzeuge je nach Zielgruppe und Setting auszuwählen. Ich lasse sowohl mir als auch der Gruppe immer die Möglichkeit offen, ein Tool oder eine Technik spontan zu wechseln. Wenn die Gruppe einen Austausch gemeinsam braucht, statt in Kleingruppen zu gehen, dann machen wir das. Oder wenn ein Praxisbeispiel oder eine Frage für alle relevant ist, kann auch dies statt der geplanten Methode genutzt werden. Ich versuche auch immer wieder Tools und Techniken zu hinterfragen oder neue zu nutzen, so wächst zum einen mein Werkzeugkasten und zum anderen können die Teilnehmenden oft etwas

Neues mitnehmen. Wichtig ist es hier, dass auch Fehler geschehen dürfen. Techniken und Tools, dürfen auch mal nicht funktionieren, dann ist es mir wichtig mit den Teilnehmenden zu sprechen, ihre Meinung einzuholen und ihre Erwartungen für das nächste Mal abzuholen.

- **Wie hat dich deine Führungskraft in deiner Entwicklung zur Moderation unterstützt?**

Chantal: Meine Führungskraft hat meine Stärken und meine Leidenschaft in der Moderation erkannt und mich darin stets ermutigt neue Methoden auszuprobieren und mir das nötige Vertrauen geschenkt. Durch regelmäßiges Feedback und gemeinsame Reflexion konnte ich meine Fähigkeiten kontinuierlich weiterentwickeln. Gleichzeitig war hier ein klares Zeitmanagement unerlässlich, so war es mir wichtig, dass die Moderation als On-top-Aufgabe nicht meine tägliche Arbeit beeinflusst. Hierfür habe ich mir ein eigenes Limit von maximal zwei Moderationen im Monat gesetzt und nur, wenn meine Hauptaufgaben dies zuließen. Versucht hier euren Weg zu finden und bleibt da in Abstimmung untereinander.

- **Was möchtest du Assistenzen mit auf den Weg geben, die Moderationen anstreben und noch am Anfang stehen?**

Chantal: Mein wichtigster Tipp: „Einfach machen!" Auch wenn zu Beginn Unsicherheiten bestehen, lohnt es sich, ins kalte Wasser zu springen und sich das Commitment der Vorgesetzten zu holen. Nimm dir Zeit für die Vorbereitung, die Durchführung und die Nachbereitung. Eine gute Moderation steht und fällt mit dem Setting, dem Mindset und der Vorbereitung. Binde die Teilnehmenden aktiv ein, frage nach Themen und lasse Raum für deren Expertise. So entsteht ein lebendiger und erfolgreicher Moderationsprozess. Vertraut in eure Fähigkeiten und lasst euch Zeit zu lernen und zu wachsen.

- **Chantal, ich danke dir für das Gespräch!**

Dieses Kapitel war eine Einladung an dich: Nimm die Moderation als Bühne für deine Wirkung. Ob live oder virtuell, du hast alles, was du brauchst. Struktur, Empathie, Überblick. Jetzt kommt der Mut. Spring!

12

Operational Excellence: Ein Fazit

Es gibt eine Form der Exzellenz, die keine Bühne braucht. Sie wirkt oftmals gern im Hintergrund, entfaltet sich in Details, in Abläufen, in der Kunst, Komplexität zu entwirren, bevor sie überhaupt spürbar wird. In der modernen Assistenz ist Operational Excellence Haltung, Handwerk und strategische Intelligenz zugleich.

Operational Excellence beginnt mit einem Blick für Muster. Die Assistenz erkennt, wo Abläufe stocken, wo Übergaben holpern, wo Informationen versickern. Sie denkt in Strukturen, nicht in Aufgaben. Sie baut Brücken zwischen Kalendern und Kapazitäten, zwischen Strategie und Alltag. Sie fragt nicht nur: „Was muss getan werden?", sondern: „Wie kann es besser fließen?" Diese Denkweise ist systemisch. Sie ist analytisch und empathisch zugleich. Denn Exzellenz bedeutet Effizienz und Wirkung zugleich.

Operational Excellence zeigt sich in der Fähigkeit, Übergaben zu moderieren, Informationen zu kuratieren und Kommunikationsflüsse zu gestalten. Die Assistenz ist wie ein neuronales Netzwerk: Sie weiß, wo Informationen entstehen, wo sie gebraucht werden und wie sie verlustfrei transportiert werden können. Sie denkt in Verbindungen und schafft Vertrauen durch Klarheit.

Operational Excellence ist heute digital. Die Assistenz beherrscht nicht nur Tools, sie nutzt sie längst strategisch. Sie weiß, welches Tool für welchen Zweck geeignet ist, wie Automatisierung Prozesse entlastet und wie digitale Routinen Freiraum für Menschlichkeit schaffen. Ob CRM, Projektmanagementsoftware, KI-gestützte Recherche oder kollaborative Plattformen. Die Assistenz ist Anwender:in und Gestalter:in zugleich.

Exzellenz ist nie abgeschlossen. Sie lebt von Reflexion, von Feedback, von der Bereitschaft, sich selbst zu hinterfragen. Die Assistenz, die operativ exzellent agiert, dokumentiert Fehler und lernt zugleich aus ihnen. Sie baut Lernschleifen ein, entwickelt Standards weiter und teilt Wissen. Die Assistenz etabliert zudem Routinen. Diese Routinen sind nicht starr. Sie passen sich an, wachsen mit, reflektieren Veränderungen. Operational Excellence ist dynamisch und doch verlässlich.

Somit appelliere ich zum Abschluss: Operational Excellence verdient Sichtbarkeit. Assistenzen verdienen Sichtbarkeit. Und ich hoffe, ich konnte mit diesem Buch auch auf den Managementetagen dazu beitragen, dass wir in Verhandlung gehen und neu denken hinsichtlich der Schärfung des Profils Assistenz.

Gemeinsam. Vereint. Kooperativ. Ich bin dabei. Du auch?